2011 사법시험 민법 기출문제

사법시험
민법 기출문제

이태섭 편저

[최근 10년간 사법시험 민법 기출문제 분석표]

목 차			44회 02년	45회 03년	46회 04년	47회 05년	48회 06년	49회 07년	50회 08년	51회 09년	52회 10년	53회 11년	소계
제1편 민법총칙	제1장 민법서론		1		1				1	1	1		5
	제2장 권리의 주체	제1절 자연인	1	2	1	1	1	1		1	1	1	10
		제2절 법인			1	1	1	1	1	1	1	1	8
	제3장 권리의 객체					1				1		2	4
	제4장 권리의 변동	제1절 법률행위	1			1		1		1		1	5
		제2절 의사표시	1		2	1	1	1	2		2	1	11
		제3절 법률행위의 대리	1	2	1	1	1	1	1	1	1	1	11
		제4절 법률행위의 무효와 취소	1	1		2	1	1	1			2	9
		제5절 조건과 기한	1			1				1			3
	제5장 기간과 소멸시효		1	1	1		1	1	2	1	1	1	10
제2편 물권	제1장 물권의 변동		2		3	1	2	3		1	3	1	16
	제2장 기본물권	제1절 점유권	1	1	1		1		1	1	1	1	8
		제2절 소유권	1	3	1	2	1	1	4	3	1	4	21
	제3장 용익물권	제1절 지상권		1		1	1	1	1	1	1		7
		제2절 지역권											
		제3절 전세권	1	1					1		1		4
	제4장 담보물권	제1절 유치권					1						1
		제2절 질권	1		1								2
		제3절 저당권	1	2	2	2	2	2	2	1	1	1	16
		제4절 비전형 담보	1		1		1	1	1	1		1	7
제3편 채권총론	제1장 채권법서론·채권의 목적								1		1	1	3
	제2장 채권의 소멸	제1절 변제와 채권자지체	2	2	1		2		1	1		1	10
		제2절 기타의 채권소멸원인		1		1		1			1		4
	제3장 채권관계의 장애	제1절 채무불이행의 유형	1	1	2	1	2			1	1	1	10
		제2절 채무불이행의 효과	1		1			1		3	1	1	8
	제4장 책임재산의 보전		1	2	1	2	1	1	2	1	1	2	14
	제5장 다수당사자의 채권관계		2	2			1	2	2	1	1	1	12
	제6장 채권양도와 채무인수		1	1	2	1		2	1	1	1	2	12
제4편 채권각론	제1장 계약총론		1	4	1	4	5	3	2	2	3	3	28
	제2장 계약각론		5	4	3	3	5	4	3	4	4	4	39
	제3장 법정채권 관계		2	3	3	2	2	3	3	2	3	1	24
제5편 친족상속법	제1장 친족법		3	5	4	5	2	5	5	4	5	5	43
	제2장 상속법		4	2	4	4	5	3	3	4	3	3	35

일러두기

2011년 사법시험 민법 문제의 난이도는 예년 수준과 비슷하다고 볼 수 있으나 의도적인 함정이 적어 정답을 선택하는데 있어서는 예년보다 다소 수월하였다고 판단된다. 수험생들은 기본서 이외에 방대한 양의 문제집과 판례집을 보면서도 늘 불안해한다. 그러나 기본서 이외에 OX집과 판례집 한권만 정독한다면 사실상 출제범위를 비켜갈 수 없을 것이다.

1. 기출문제의 해설마다 저자가 2010년 출간한 4종류의 저서에서 출제 문제와 동일한 판례이거나 비슷한 사례 및 유형을 일일이 표시해 두었다.

2. 도서출판〈사람들〉에서 출간된 본 저자의 조문지문사례정리 민총 물권편(이하 조지사1) 조문지문사례정리 채권 가족편(이하 조지사2) 민법판례정리Ⅰ(이하 민판1) 민법판례정리Ⅱ(이하 민판2) 2010년 가족법강의 제6판(이하 가족법강의)로 생략하여 표기하고, 문제와 보기까지 별도로 표시했다.

3. 판례 내용대로 출제된 것 이외에 기출문제 출제유사도에 따라 유사, 변형, 참조의 순으로 출제 유사도를 표시하였으며, 유사 변형 참조가 표시되지 않은 딱지는 판례와 동일한 문제이므로 별도로 표시하지 않았다.

4. 기출문제 중 2000년과 2001년 기출문제는 본판에서는 제외되고, 2011년 문제를 추가해 10년 동안 기출된 문제만을 모아둠으로써 최근 출제경향에 대한 이해를 높였다.

1. 배점 3 부재자의 재산관리에 관한 설명 중 옳은 것을 모두 고른 것은? (다툼 있으면 판례에 의함)

> ㄱ. 부재자가 재산의 관리 및 처분의 권한을 母에게 위임하였다면, 母가 이후 부재자의 실종 후 법원에 신청하여 위 부재자의 재산관리인으로 선임된 경우라 할지라도, 母가 부재자 재산에 대하여 보존행위 혹은 관리행위 이외의 처분행위를 할 때에 별도로 법원의 허가를 받을 필요가 없다.
> ㄴ. 부재자의 母가 대리권 없이 부재자 소유의 부동산을 매도한 경우(표현대리는 불성립한다고 가정함), 그 후에 선임된 부재자 재산관리인이 법원의 허가 없이 母의 매도행위를 추인하더라도 추인의 효력이 발생하지 않는다.
> ㄷ. 부재자 소유 부동산에 대한 부재자 재산관리인의 매매계약이 법원의 허가를 받지 않은 권한초과행위로 인정되어서 무효를 이유로 소유권이전등기청구가 기각되어 확정되었다면, 그 판결 확정 후에 위 권한초과행위에 대하여 법원의 허가를 받았더라도 다시 위 매매계약에 기한 소유권이전등기청구의 소를 제기할 수 없다.
> ㄹ. 부재자가 재산관리인을 선임하면서 처분권까지 부여하였더라도, 이후 부재자의 생사가 분명하지 않게 되었다면 위 부재자 재산관리인의 처분행위는 법원의 허가를 받아야 한다.
> ㅁ. 부재자 재산관리인이 법원의 허가를 받고 선임결정이 취소되기 전에 한 처분행위는 그것이 부재자에 대한 실종기간 만료 후에 이루어졌더라도 유효하며, 그 효과는 부재자의 상속인에게 미친다.

① ㄱ, ㄷ ② ㄴ, ㅁ ③ ㄷ, ㄹ ④ ㄴ, ㄹ ⑤ ㄱ, ㅁ

해설

ㄱ. [誤] 부재자에 의하여 선임된 재산관리인이 부재자 실종 후 법원에 의하여 재산관리인으로 유임된 경우, 그 재산관리인의 법적 지위를 묻는 지문이다. 본인에 의하여 선임된 부재자 재산관리인은 임의대리인으로서의 지위를 가지고, 그 권한행사는 본인과의 위임계약 내용에 의하여 좌우된다. 그러나 본인의 생사가 불명한 경우, 법원은 재산관리인, 이해관계인 또는 검사의 청구에 의하여 재산관리인을 개임할 수 있다(제23조). 한편 법원은 본인에 의하여 선임된 재산관리인을 유임할 수도 있다. 이렇게 법원이 유임한 재산관리인은 법정대리인으로서의 지위를 가지게 된다. 따라서 관리행위의 범위를 넘는 처분행위를 하기 위해서는 가정법원의 허가를 받아야 한다(제25조).

[大判 1977. 3. 22. 76다1437] 부재자로부터 재산관리 및 처분권한을 위임받은 재산관리인이 부재자 실종 후 법원에 신청하여 부재자의 재산관리인으로 선임된 경우에는 민법 제23조에 의하여 개임된 것으로 보아야 하므로 이때부터 재산관리인의 위임

에 의한 관리권과 처분권은 종료되고 그 후 부재자 재산을 처분함에는 법원의 허가를 받아야 한다.

조지사1 p88 문제 4 / 민판1 p171

ㄴ. [正] 부재자의 무권대리인의 처분행위에 대하여 부재자 재산관리인이 추인하기 위해서는 법원의 허가가 필요한지 여부를 묻는 지문이다. 무권대리인의 처분행위에 대한 부재자 재산관리인의 추인도 처분행위라고 보아야 하고, 부재자 재산관리인의 처분행위에는 법원의 허가가 필요하므로(제25조) 법원의 허가 없이 이루어진 부재자 재산관리인의 추인은 추인으로서 효력이 발생하지 않는다.
[大判 1982. 12. 14. 80다1872] 법원의 재산관리인의 초과행위 결정의 효력은 그 허가받은 재산에 대한 <u>장래의 처분행위뿐만 아니라 기왕의 처분행위를 추인하는 행위로도 할 수 있는 것</u>이므로 무권대리인이 부재자의 부동산을 매각하는 행위를 한 후 법원에 의하여 선임된 부재자 재산관리인이 법원의 허가 없이 이를 추인하였지만, 그 후 법원의 허가를 얻어 소유권이전등기를 마쳐준 경우, 종전에 권한 없이 한 처분행위를 추인한 것이라 할 것이다.

조지사1 p88 문제 5 / 민판1 p72 / 진모 2회 2번 ㉠지문

ㄷ. [誤] 권한초과행위에 대한 소송에서 법원의 허가 없음을 이유로 청구기각 판결이 확정된 후 법원의 허가를 받은 경우, 다시 소송을 제기하는 것이 허용되는지를 묻는 지문이다. 판결 확정 후(정확하게는 기판력의 표준시점 이후)에 발생한 사정을 이유로 소송을 제기하는 것이므로 전 소송의 판결의 기판력에 저촉되지 않는다. 따라서 다시 소송을 제기하는 것은 허용된다.
[大判 2002. 1. 11. 2001다41971] 부재자재산관리인의 부재자 소유 부동산에 대한 매매계약에 관하여 법원의 허가를 받지 아니하였다는 이유로 소유권이전등기청구소송의 패소판결이 확정된 후 그 권한초과행위에 대하여 법원의 허가를 받게 되면 다시 그 매매계약에 기한 소유권이전등기청구의 소를 제기할 수 있다.

조지사1 p90 문제 11 / 민판1 p72 / 진모 2회 4번 ㉠지문

ㄹ. [誤] 부재자에 의하여 선임된 재산관리인의 권한행사에 법원의 허가가 필요한지 여부를 묻는 지문이다. 우선, 부재자와 재산관리인 사이의 약정에 의하여 정해진 권한을 행사하는 경우에는 법원의 허가가 필요하지 않다. 한편, 부재자와 재산관리인 사이의 약정에 의하여 정해진 권한을 초과하는 행위를 하는 경우, 원칙적으로는 본인인 부재자의 허락이 있어야 한다. 다만 본인인 부재자가 생사불명이라면 법원의 허가를 받아 권한초과행위를 할 수 있다(제25조 제2문). 이미 처분권까지 부여받은 재산관리인이라면 비록 본인인 부재자의 생사가 불명하게 되었더라도 처분행위에 법원의 허가를 받아야 하는 것은 아니다.
[大判 1973. 7. 24. 72다2136] 부재자가 월북하여 그 생사가 분명하지 아니하더라도 부재자가 스스로 위임한 재산관리인이 있는 경우에는, 그 재산관리인의 권한은 그 위임의

내용에 따라 결정될 것이며 그 위임관리인에게 재산처분권까지 위임된 경우에는 그 재산관리인이 그 재산을 처분함에 있어 법원의 허가를 요하는 것은 아니라 할 것이므로 재산관리인이 법원의 허가 없이 부동산을 처분하는 행위를 무효라고 할 수 없다.

조지사1 p92 문제 19 / 민판1 p71 / 진모 1회 3번 ⓓ지문

ㅁ. [正] 부재자 재산관리인 선임결정 취소로 인하여 이미 이루어진 부재자 재산관리인의 처분행위가 소급하여 무효로 되는지 여부를 묻는 지문이다. 재산관리인 선임결정 취소에 소급효는 인정되지 않는다. 따라서 선임결정이 취소되기 전에 이루어진 부재자 재산관리인의 적법한 처분행위는 비록 그 행위가 부재자의 사망 후, 혹은 부재자에 대한 실종기간 만료 전에 이루어진 것이라고 하더라도 그 사정만으로는 그 행위의 효력을 부정할 수 없다.

[大判 1975. 6. 10. 73다2023] 부재자재산관리인이 권한초과행위의 허가를 받고 그 선임결정이 취소되기 전에 위 권한에 의하여 이뤄진 행위는 부재자에 대한 실종선고기간의 만료된 후에 이뤄졌다고 하더라도 유효한 것이고 그 재산관리인의 적법한 권한행사의 효과는 이미 사망한 부재자의 재산상속인에게 미친다.

[大判 1991. 11. 26. 91다11810] 사망한 것으로 간주된 자가 그 이전에 생사불명의 부재자로서 그 재산관리에 관하여 법원으로부터 재산관리인이 선임되어 있었다면 재산관리인은 그 부재자의 사망을 확인했다고 하더라도 선임결정이 취소되지 아니하는 한 계속하여 권한을 행사할 수 있다.

조지사1 p94 문제 22번 / 민판1 p73 / 진모 2회 12번 ⓒ지문

정답 ②

2. 배점 2 「국토의 계획 및 이용에 관한 법률」상 토지거래허가 대상인 토지거래에 관한 설명 중 옳은 것은? (다툼 있으면 판례에 의함)

① 토지거래허가를 받지 않은 매매계약에서 계약금만을 받은 매도인은 당사자 일방이 이행에 착수하기 전이라도 계약금의 배액을 상환하고 계약을 해제할 수 없다.
② 토지거래허가를 받지 않은 매매계약상의 매수인이 매도인에 대해 토지거래허가 신청절차에 협력할 의무의 이행을 청구하는 경우, 매도인은 매매대금지급 의무이행의 제공이 있을 때까지 그 협력의무의 이행을 거절할 수 있다.
③ 토지거래허가를 받지 않은 매매계약상의 매수인의 지위에 관하여 매도인과 매수인 및 제3자 사이에 제3자가 매수인의 지위를 이전받는다는 취지의 합의를 한 경우, 매도인과 매수인 사이의 매매계약에 대한 관할 관청의 허가가 없는 이상 제3자가 매도인에 대하여 직접 토지거래허가 신청절차 협력의무의 이행을 청구할 수 없다.
④ 토지거래허가 전의 매매계약의 매수인이 매도인에 대한 토지거래허가 신청절차 협력청

구권을 피보전권리로 하여 매매목적 토지의 처분을 금하는 가처분을 신청할 수 없다.
⑤ 토지거래 허가구역 내의 토지와 그 지상 건물을 일괄하여 매매한 경우, 매수인은 특별한 사정이 없는 한 토지에 대한 매매허가가 있기 전에 건물만의 소유권이전등기를 청구할 수 있다.

해설

* 유동적 무효에 관한 판례이론을 묻는 문제이다.

① [誤] 유동적 무효상태의 토지거래계약에 수반한 계약금계약의 효력을 묻는 지문이다. 계약금계약의 효력을 인정하는 것이 대법원의 태도이다. 따라서 계약금에 기초한 해제는 가능하다.
[大判 1997. 6. 27, 97다9369] 특별한 사정이 없는 한 국토이용관리법상의 토지거래허가를 받지 않아 유동적 무효 상태인 매매계약에 있어서도 당사자 사이의 매매계약은 매도인이 계약금의 배액을 상환하고 계약을 해제함으로써 적법하게 해제된다.

<조지사1 p380 문제 34번 / 민판1 p319 / 진모 6회 12번 ④지문>

② [誤] 협력의무의 이행과 매매계약상 의무 상호간에 동시이행관계를 인정할 수 있는지 여부를 묻는 지문이다. 협력의무는 계약관계의 효력을 발생시킬 것을 목적으로 하는 의무이며, 매매계약상 의무는 계약관계의 효력으로 인정되는 의무이다. 협력의무가 선행되어야 하며, 동시이행관계를 인정할 수는 없다.
[大判 1996. 10. 25, 96다23825] 매도인의 토지거래계약허가 신청절차에 협력할 의무와 토지거래허가를 받으면 매매계약 내용에 따라 매수인이 이행하여야 할 매매대금 지급의무나 이에 부수하여 매수인이 부담하기로 특약한 양도소득세 상당 금원의 지급의무 사이에는 상호 이행상의 견련성이 있다고 할 수 없으므로, 매도인으로서는 그러한 의무이행의 제공이 있을 때까지 그 협력의무의 이행을 거절할 수 있는 것은 아니다.

<조지사1 p388 문제 2-(4)번, p391 문제 3-(2)번 / 민판1 p319 / 진모 6회 17번 ㉡지문>

③ [正] 매수인 지위 이전의 효력이 생기기 위해서 관할관청의 허가가 있어야 하는지를 묻는 지문이다. 지위 이전의 효력이 생기기 위해서는 관할관청의 허가가 있어야 한다는 것이 대법원의 입장이다. 만약 허가 없이 매수인 지위 이전이 가능하다면 토지거래허가제도의 목적이 달성되기 어렵기 때문이다.
[大判 1996. 7. 26, 96다7762] 유동적 무효 상태에 있는 매매계약상의 매수인의 지위에 관하여 매도인과 매수인 및 제3자 사이에 제3자가 그와 같은 매수인의 지위를 매수인으로부터 이전받는다는 취지의 합의를 한 경우, 국토이용관리법상 토지거래허가제도가 토지의 투기적 거래를 방지하여 정상적 거래를 조장하려는 데에 그 입법취지가 있음에 비추어 볼 때, 그와 같은 합의는 매도인과 매수인 사이의 매매계약에 대한 관할 관청의 허가가 있어야 비로소 효력이 발생한다고 보아야 하고, 그 허가가 없는 이상 그 3 당사자 사이의 합의만으로 유동적 무효 상태의 매매계약의 매수인 지위가

매수인으로부터 제3자에게 이전하고 제3자가 매도인에 대하여 직접 토지거래허가 신청절차 협력의무의 이행을 구할 수 있다고 할 수는 없다.

조지사1 p382 문제 39번, p389 문제 2-(2)번 / 민판1 p318 / 진모 6회 16번 ⓐ지문

④ [誤] 협력청구권이 가처분의 피보전권리가 될 수 있는지를 묻는 지문이다. 토지거래계약 당사자는 서로 허가절차에 협력할 의무를 부담하고, 그에 대응하여 각 당사자는 협력청구권을 가지는데, 협력의 내용이 구체화되어 있으므로 협력청구권은 구체적인 청구권으로서 가처분 혹은 채권자대위의 피보전채권리에 해당한다.
[大判 1998. 12. 22, 98다44376] 국토이용관리법상 토지거래허가구역 내에 있는 토지에 관하여 관할관청의 허가 없이 체결된 매매계약의 매수인이 매도인에 대한 토지거래허가신청절차청구권을 피보전권리로 하여 매매목적 토지의 처분을 금하는 가처분을 구할 수 있고, 이러한 가처분 집행 후 경매절차에서 당해 토지를 낙찰받은 제3자는 특별한 사정이 없는 한 이로써 가처분채권자인 매수인의 권리보전에 대항할 수 없다 (필자 註 : 토지거래허가신청절차청구권을 피보전권리로 하는 처분금지가처분의 집행을 이미 마친 채권자로서는 그 후 당해 부동산의 소유권이 낙찰로 인하여 타인에게 이전된 경우라도 그 가처분의 효력으로 새로운 토지소유자에게 대항할 수 있어 여전히 그 거래계약의 효력이 발생될 여지가 있으므로 그 때문에 당해 거래계약이 확정적으로 무효로 된다고 볼 수 없다고 한 사례).

조지사1 p377 문제 26번 / 민판1 p319 / 진모 6회 17번 ⓒ지문

⑤ [誤] 토지매매가 유동적 무효상태인 경우, 지상 건물매매의 효력이 어떠한지를 묻는 지문이다. 일괄하여 체결한 토지와 그 지상 건물매매 중에서 토지매매가 유동적 무효인 경우, 나머지 부분의 효력을 묻는 것이다. 일부무효에 관한 제137조는 원칙적으로 전부무효를, 다만 나머지 부분을 유지하려는 당사자의 가정적 의사가 인정되는 경우에는 일부만의 무효를 규정하고 있다. 토지매매가 무효임에도 건물만을 매수하려는 특별한 사정이 없는 한 건물매매까지도 유동적 무효상태에 있다고 보아야 하므로 허가 전에는 건물만의 소유권이전등기를 청구할 수는 없다.
[大判 1992. 10. 13, 92다16836] 국토이용관리법상의 규제구역 내의 토지와 건물을 일괄하여 매매한 경우 일반적으로 토지와 그 지상의 건물은 법률적인 운명을 같이하는 것이 거래의 관행이고, 당사자의 의사나 경제의 관념에도 합치되는 것이므로, 토지에 관한 당국의 거래허가가 없으면 건물만이라도 매매하였을 것이라고 볼 수 있는 특별한 사정이 인정되는 경우에 한하여 토지에 대한 매매거래허가가 있기 전에 건물만의 소유권이전등기를 명할 수 있다고 보아야 할 것이고, 그렇지 않은 경우에는 토지에 대한 거래허가가 있어 그 매매계약의 전부가 유효한 것으로 확정된 후에 토지와 함께 이전등기를 명하는 것이 옳을 것이다.

조지사1 p373 문제 14번 / 민판1 p307 / 진모 6회 13번 ⓐ지문

정답 ③

3. 배점 2 반사회적 법률행위에 관한 설명 중 옳은 것을 모두 고른 것은? (다툼 있으면 판례에 의함)

ㄱ. 부동산매매계약을 체결하면서 매도인의 양도소득세를 면탈하기 위하여 소유권이전등기를 일정 기간 이후에 하기로 특약을 맺은 경우, 그 특약은 반사회적 행위에 해당되어 무효이다.

ㄴ. 농성기간 중 발생한 근로자의 불법행위에 대하여 근로자들에게 민·형사상의 책임이나 신분상 불이익 처분 등 일체의 책임을 묻지 않기로 한 노사 간의 합의는 반사회적 법률행위로 볼 수 없다.

ㄷ. 공동상속인(甲과 乙) 중 甲이 丙에게 상속부동산을 매도한 후 소유권이전등기를 경료하기 전에, 그 매매사실을 알고 있는 乙이 甲을 교사하여 그 부동산을 乙의 소유로 하는 상속재산 협의분할을 하여 그 명의로 소유권이전등기를 한 경우, 丙은 甲을 대위하여 상속부동산 전부에 대해 소유권이전등기말소를 청구할 수 있다.

ㄹ. 甲이 반사회적 행위에 의하여 조성된 비자금을 소극적으로 은닉하기 위하여 이를 乙에게 소비임치한 경우, 乙은 甲의 소비임치계약에 의한 반환청구를 거부할 수 없다.

ㅁ. 甲이 피상속인의 부동산매도 사실을 모르는 상속인을 기망하여 이를 이중으로 양도받은 후, 이를 제3자에게 다시 매도하고 소유권이전등기를 경료하여 준 경우, 제3자가 甲의 매매계약이 유효하다고 믿었다면 그는 소유권을 유효하게 취득한다.

① ㄱ, ㄴ, ㄷ　② ㄱ, ㄹ　③ ㄷ, ㄹ　④ ㄴ, ㄷ, ㅁ
⑤ ㄷ, ㄹ, ㅁ　⑥ ㄱ, ㄷ　⑦ ㄴ, ㄹ　⑧ ㄷ, ㅁ

해설

ㄱ. [誤] 세금회피를 목적으로 한 약정이 반사회적 법률행위로서 무효인지 여부를 묻는 지문이다. 세금회피를 목적으로 하였다는 사정만으로는 그 법률행위가 반사회적이라고 할 수 없다는 것이 대법원의 입장이다.
[大判 1991. 5. 14, 91다6627] 주택매매계약을 체결하면서 매도인으로 하여금 주택의 보유기간이 3년 이상이 되게 함으로써 양도소득세를 부과받지 않게 할 목적으로 매매를 원인으로 하는 소유권이전등기는 3년 후에 넘겨받기로 한 특약은 사회질서에 위반하지 않는다.

조지사1 p218 문제 60번 / 민판1 p162 / 진모 11회 7번 ⓒ지문 / 진모 3회 36번 ①지문

ㄴ. [正] 손해배상책임 등 일체의 책임을 면제하기로 한 노사 간의 합의가 반사회적 법률행위에 해당하는지 여부를 묻는 지문이다. 이러한 합의가 사회적 한계를 넘어선 것

으로 볼 아무런 이유가 없다.

[大判 1992.7.28. 선고 92다14786] [1] 농성기간 중의 행위에 대하여 근로자들에게 민·형사상의 책임이나 신분상 불이익처분 등 일체의 책임을 묻지 않기로 노사간에 합의를 한 경우에 그 취지는 위 농성중의 행위와 일체성을 가지는 행위 또는 위 농성중의 행위와 필연적으로 연속되는 행위로서 불가분적 관계에 있는 행위에 대해서도 면책시키기로 한 것이라고 보아야 하므로, 면책합의 이전의 농성행위 등으로 인하여 면책합의 이후에 처벌을 받고 그로 인하여 결근한 행위가 형식상 회사의 인사규정 등의 징계해고사유에 해당한다고 하더라도 이를 이유로 징계해고한 것은 위 면책합의에 반한다고 할 것이다. [2] 위 "가"항의 면책합의가 압력 등에 의하여 궁지에 몰린 회사가 어쩔 수 없이 응한 것이라고 하여도 그것이 민법 제104조 소정의 요건을 충족하는 경우에 불공정한 법률행위로서 무효라고 봄은 별문제로 하고 민법 제103조 소정의 반사회질서행위라고 보기는 어려우며, 또 위 면책합의는 회사의 근로자들에 대한 민·형사상 책임 추궁이나 고용계약상의 불이익처분을 하지 않겠다는 취지이지 회사에게 권한이 없는 법률상 책임의 면제를 약속한 취지는 아니어서 선량한 풍속 기타 사회질서에 위반한 내용이라고 볼 수 없다.

ㄷ. [誤] 반사회적인 상속재산분할협의에 기초하여 마쳐진 상속인 1인 명의의 소유권이전등기의 효력을 묻는 지문이다. 상속재산분할협의가 반사회적 법률행위로서 무효라고 하더라도 상속인 1인의 상속 지분 범위 내에서는 그 명의의 소유권이전등기는 실체관계에 부합하는 등기라고 할 수 있다. 따라서 전부에 대해 소유권이전등기말소를 청구할 수는 없다.

[大判 1996. 4. 26. 선고 95다54426·54433] 공동상속인 중 1인이 제3자에게 상속 부동산을 매도한 뒤 그 앞으로 소유권이전등기가 경료되기 전에 그 매도인과 다른 공동상속인들 간에 그 부동산을 매도인 외의 다른 상속인 1인의 소유로 하는 내용의 상속재산 협의분할이 이루어져 그 앞으로 소유권이전등기를 한 경우에, 그 상속재산 협의분할은 상속개시된 때에 소급하여 효력이 발생하고 등기를 경료하지 아니한 제3자는 민법 제1015조 단서 소정의 소급효가 제한되는 제3자에 해당하지 아니하는 바, 이 경우 상속재산 협의분할로 부동산을 단독으로 상속한 자가 협의분할 이전에 공동상속인 중 1인이 그 부동산을 제3자에게 매도한 사실을 알면서도 상속재산 협의분할을 하였을 뿐 아니라, 그 매도인의 배임행위(또는 배신행위)를 유인, 교사하거나 이에 협력하는 등 적극적으로 가담한 경우에는 그 상속재산 협의분할 중 그 매도인의 법정상속분에 관한 부분은 민법 제103조 소정의 반사회질서의 법률행위에 해당한다.

민판1 p165 / 진모 28회 3번 ㉠지문 / 진모 3회 26번 Ⓐ / 가족법강의 p324 2)제3자의 보호

ㄹ. [正] 비자금을 은닉하기 위한 소비임치의 효력 및 그에 기초하여 지급한 금원이 불법원인급여로서 반환청구가 금지되는 것인지를 묻는 지문이다. 비자금을 조성하는 행위가 반사회적이라고 해서 조성된 비자금을 소극적으로 은닉하는 행위가 반사회적 법률행위라고 단정할 수 없으며, 나아가 이를 기초로 지급된 금원을 불법원인급여라고 할 수도 없다는 것이 대법원의 입장이다.

[大判 2001. 4. 10, 2000다49343] 반사회적 행위에 의하여 조성된 재산인 이른바 비자금을 소극적으로 은닉하기 위하여 임치한 것이 사회질서에 반하는 법률행위로 볼 수 없다.

조지사1 p218 문제 58번 / 민판1 p161 / 진모 3회 27번 ⓑ지문

ㅁ. [誤] 반사회적 이중양수인으로부터 목적물을 선의로 전득한 자가 보호될 수 있는지를 묻는 지문이다. 반사회적 이중양도로 인한 무효는 절대적 무효이므로 이중양수인으로부터 선의로 전득한 자에 대해서도 무효를 주장할 수 있다. 선의자라고 하더라도 소유권을 유효하게 취득할 수는 없다.
[大判 1996. 10. 25, 96다29151] 부동산의 이중매매가 반사회적 법률행위에 해당하는 경우에는 이중매매계약은 절대적으로 무효이므로, 당해 부동산을 제2매수인으로부터 다시 취득한 제3자는 설사 제2매수인이 당해 부동산의 소유권을 유효하게 취득한 것으로 믿었더라도 이중매매계약이 유효하다고 주장할 수 없다.

조지사1 p215 문제 49번, p230 문제 5-(4)번 / 민판1 p166 / 진모 3회 30번 ⓓ지문

정답 ⑦

4. 배점 2 다음 설명 중 옳은 것을 모두 고른 것은? (다툼 있으면 판례에 의함)

> ㄱ. 현행 「이자제한법」 시행 후 원금과 제한최고이율을 초과하는 이자를 채무자가 모두 임의로 지급한 경우, 채권자의 초과수령 이자에 관한 반환채무는 자연채무이다.
> ㄴ. 부제소합의에 따라 소구하지 않기로 한 채무는 자연채무가 아니다.
> ㄷ. 당사자의 합의에 의하여 강제집행하지 않기로 한 채무는 책임 없는 채무에 해당한다.
> ㄹ. 상속을 한정승인한 경우, 상속된 채무는 책임이 제한된 채무에 해당한다.
> ㅁ. 파산절차에서 면책을 받은 채무는 자연채무가 아니다.

① ㄱ, ㄴ   ② ㄴ, ㅁ   ③ ㄷ, ㄹ   ④ ㄱ, ㄹ   ⑤ ㄷ, ㅁ

해설

* 자연채무, 책임 없는 채무 등의 개념을 묻는 문제이다.

ㄱ. [誤] ㄴ. [誤] ㅁ. [誤] 자연채무의 개념을 묻는 지문이다. 자연채무란 법적 채무이기는 하나, 소구가능성이 없는 채무를 의미한다고 보는 것이 다수설의 태도이다. 그러나 자연채무 개념을 보다 확장하여 이미 지급하였다면 그 반환청구가 금지되는 채무는 모두 자연채무에 해당한다고 보는 견해도 있다. 이자제한법에 따른 채권자의 초

과수령 이자에 대한 반환채무는 이미 지급하였더라도 그 반환청구가 가능하다는 점에 비추어 자연채무라고 볼 수 없다. 그러나 부제소합의에 따라 소구하지 않기로 한 채무는 합의에 의하여 소구력이 배제된 채무로서 자연채무에 해당하며, 파산절차에서 면책을 받은 채무도 소구가능성이 없으므로 자연채무라고 보아야 한다.
[大判 2001. 7. 24. 선고 2001다3122] 회사정리법 제241조는 정리계획의 인가가 있는 때에는 계획의 규정 또는 같은 법의 규정에 의하여 인정된 권리를 제외하고 회사는 모든 정리채권과 정리담보권에 관하여 그 책임을 면한다고 규정하고 있는바, 여기서 말하는 면책이라 함은 채무 자체는 존속하지만 회사에 대하여 이행을 강제할 수 없다는 의미라고 봄이 상당하다.

조지사2 p11 문제 19번 20번 참조 / 진모 14회 15번 ⓒ지문 참조

ㄷ. [正] ㄹ. [正] 책임 없는 채무 혹은 책임이 제한된 채무의 개념을 묻는 지문이다. 책임 없는 채무란 채무를 부담하고는 있으나, 채권자가 채무자의 재산에 강제집행을 할 수 없는 채무를 말하며, 책임이 제한된 채무란 채무자의 일정 재산에 대해서만 집행할 수 있거나(물적 유한책임), 일정한 금액의 한도에서 집행할 수 있는 채무(금액 유한책임)를 말한다. 강제집행을 하지 않기로 합의한 경우에는 책임이 없는 채무가 발생하는 경우이며, 상속의 한정승인의 경우, 상속채무는 상속재산에 관해서만 그 책임이 인정되므로 책임이 제한된 채무에 해당한다.

조지사2 p925 문제 34번 참조 / 진모 28회 9번 ⓑ지문 참조/ 가족법강의 p344 (3)한정승인의 효과

정답 ③

※ 다음 사실관계를 읽고 아래 각 문항(문5, 문6)에 대하여 답하시오.

> 甲과 乙은, 甲의 토지 위에 乙이 건물신축공사를 하고, 甲은 기성고에 따라 소정의 공사비를 지급하기로 약정하면서, 乙이 재료를 공급하여 공사를 하되, 건축허가는 甲의 명의로 받고 건물을 甲 소유로 하여 甲의 명의로 소유권보존등기를 하기로 하였다. 乙은 전체 공정의 50%(기둥, 지붕 및 주벽 등은 이루어짐)를 진척시킨 상태에서 작업을 중단하였으며, 甲은 乙에게 공사를 속행할 것을 최고하였으나, 상당한 기간이 지나도록 乙이 공사를 진행하지 않았다. 한편 이 건물의 기성 부분의 벽에는 균열이 있는 등 하자가 발견되었다.

5. 배점 2 위 건물을 둘러싼 법률관계에 관한 설명 중 옳은 것은? (다툼 있으면 판례에 의함)

① 위 건물은 아직 완성되지 않았으므로 독립된 부동산이 아니며, 甲의 토지의 일부이다.
② 위 건물은 乙의 재료와 노력으로 이루어졌으므로 乙이 원시취득한다.
③ 위 건물은 乙이 일단 원시취득하였다가, 당사자의 합의에 따라 甲 명의로 소유권보존등기가 되면 甲에게 소유권이 이전된다.
④ 위 건물은 乙이 원시취득하지만, 甲이 계약을 해제한다면 甲에게 소유권이 귀속된다.
⑤ 위 건물은 甲이 소유권보존등기 없이도 원시취득한다.

해설

① [誤] 건물의 독립성 판단기준을 묻는 지문이다. 건물이 완성되어야 독립한 건물로 되는 것은 아니다. 건물의 기둥, 지붕 및 주벽 등이 완성되어 사회관념상 건물로 평가될 수 있는 정도까지 건축이 진전된 경우에는 건물의 독립성이 인정된다. 따라서 완성되지 아니하였으므로 독립된 부동산이 아니라는 본 지문은 옳지 않다.

조지사1 p872 문제 45번 / 진모 3회 5번 ⓒ지문

② [誤] ③ [誤] ④ [誤] ⑤ [正] 신축건물이 도급인과 수급인 중에서 누구에게 원시적으로 귀속되는지를 묻는 지문이다. 주어진 사실관계에 따르면 재료는 수급인인 乙이 제공하기로 하였으나, 완성될 건물을 甲의 소유로 하기로 하는 합의가 있었다. 완성될 건물을 누구의 것으로 할 것인가에 관해서 도급인과 수급인 사이에 합의가 있다면 합의에 따라 원시취득자가 결정된다. 따라서 완성된 건물은 甲과 乙 사이의 합의내용에 따라 甲에게 원시적으로 귀속되며, 건물신축에 따른 소유권취득은 법률행위에 의한 취득이 아니므로 등기가 필요한 것은 아니다.
[大判 1997. 5. 30 97다8601] 일반적으로 자기의 노력과 재료를 들여 건물을 건축한 사람은 그 건물의 소유권을 원시취득하는 것이고, 다만 도급계약에 있어서는 수급인이 자기의 노력과 재료를 들여 건물을 완성하더라도 도급인과 수급인 사이에 도급인 명의로 건축허가를 받아 소유권보존등기를 하기로 하는 등 완성된 건물의 소유권을 도급인에게 귀속시키기로 합의한 것으로 보여질 경우에는 그 건물의 소유권은 도급인에게 원시적으로 귀속된다.

조지사1 p187 문제 20번 참조 / 민판1 p679 참조 / 진모 12회 34번 ⓛ지문 참조

정답 ⑤

6. 배점 3 위 계약에 관한 설명 중 옳은 것을 모두 고른 것은? (다툼이 있는 경우에는 판례에 의하고, 건축 관련 법규의 적용을 배제함.)

> ㄱ. 甲이 乙의 공사 중단을 이유로 계약을 해제한 경우, 원상회복이 중대한 사회적·경제적 손실을 초래하게 되고 기성 부분이 甲에게 이익이 되어 해제된 때의 상태 그대로 건물을 인도받은 때에는 특별한 사정이 없는 한 乙에게 미완성건물에 대한 보수를 지급하여야 한다.
> ㄴ. 위 건물이 연와조로 조성된 경우, 乙은 인도 후 10년간 하자담보책임을 지게 된다.
> ㄷ. 乙이 하자담보책임을 지지 않기로 약정하였더라도 그 약정은 원칙적으로 효력이 인정되지 않는다.
> ㄹ. 위 건물의 하자로 인하여 甲이 정신적 고통을 받은 경우, 하자의 보수나 손해배상을 청구할 수는 있으나 위자료의 배상을 청구할 수 있는 경우는 없다.
> ㅁ. 위 하자로 인한 乙의 손해배상책임을 정함에 있어서 과실상계 규정을 준용할 수는 없으므로, 甲의 잘못을 참작하여서는 안 된다.
> ㅂ. 위 균열을 이유로 甲이 乙에게 하자담보책임을 묻는 경우, 그 균열이 중요하지 않은데 그 보수에 과다한 비용을 요할 때에는 甲은 하자의 보수에 갈음하는 손해 및 하자로 인한 손해의 배상을 청구할 수 있다.

① ㄱ, ㄴ   ② ㄷ, ㄹ   ③ ㄴ, ㅁ   ④ ㄱ, ㅂ   ⑤ ㅁ, ㅂ

해설

ㄱ. [正] 수급인의 채무불이행을 이유로 공사도급계약이 해제된 경우의 효과를 묻는 지문이다. 판례는 통상적인 해제와 달리 공사도급계약 해제의 경우에는 소급효를 제한하고 있다. 즉, 지문과 같은 사정이 있는 경우에는 도급계약 해제의 소급효가 제한되어 장래를 향하여 도급계약의 효력이 소멸하고, 기성부분에 대한 도급인의 보수채무는 해제에도 불구하고 그대로 존속한다는 것이 대법원의 입장이다. 따라서 현장을 인도받은 도급인 甲은 특별한 사정이 없는 한 수급인 乙에게 기성부분에 해당하는 공사대금을 보수로 지급하여야 한다.

[大判 1994. 11. 4. 94다18584] 건축공사도급계약의 수급인이 일을 완성하지 못한 상태에서 그의 채무불이행으로 말미암아 건축공사도급계약이 해제되었으나, 해제 당시 공사가 상당한 정도로 진척되어 이를 원상회복하는 것이 중대한 사회적·경제적 손실을 초래하게 되고, 완성된 부분이 도급인에게 이익이 되는 경우, 그 도급계약은 미완성부분에 대하여만 실효되고 수급인은 해제 당시의 상태 그대로 그 건물을 도급인에게 인도하고 도급인은 특별한 사정이 없는 한 인도받은 미완성건물에 대한 보수를 지급하여야 하는 권리·의무관계가 성립한다고 할 것이며, 이와 같은 사정으로 말미암아 수급인의 공사대금채권이 남아 있는 경우에는 설사 그 도급계약의 일부가 해제되었다 하더라도 그에 부수된 공사대금채권 양도금지특약은 실효되지 않는다고 보아야 옳다.

ㄴ. [正] 연와조로 조성된 건물의 하자로 인한 담보책임의 존속기간을 묻는 지문이다. 토지, 건물 기타 공작물 도급의 경우 목적물이나 지반공사 하자로 인한 담보책임은 인도 후 5년간 존속하고, 목적물이 석조, 석회조, 연와조, 금속 기타 이와 유사한 견고한 재료로 조성된 경우에는 인도 후 10년간 존속한다(제671조 제1항).

ㄷ. [誤] 하자담보책임을 배제하는 특약의 효력을 묻는 지문이다. 하자담보책임을 배제하는 특약은 원칙적으로 유효하다. 다만, 수급인이 고지하지 아니한 사실에 대해서는 담보책임을 면하지 못한다(제672조).

ㄹ. [誤] 건물의 하자로 인한 위자료청구가 허용되는지 여부를 묻는 지문이다. 건물의 하자로 인하여 도급인에게 발생한 손해는 원칙적으로 재산적 손해이며, 건물의 하자로 인한 정신적 손해는 재산적 손해전보에 의하여 전보되는 것이 원칙이다. 그러나 재산적 손해전보에도 불구하고 남는 정신적 고통이 있을 수 있는데, 그와 같은 특별한 사정이 있고, 그 사정에 관해서 수급인이 예견할 수 있었다면 위자료청구도 가능할 수는 있다. 즉 특별손해로서 제393조 제2항의 요건 하에서 배상을 청구할 수는 있다.
[大判 1997. 2. 25. 96다45436] 건물신축도급계약에 있어서 수급인이 신축한 건물의 하자가 중요하지 아니하면서 동시에 그 보수에 과다한 비용을 요하는 경우에는 도급인은 하자보수나 하자보수에 갈음하는 손해배상을 청구할 수 없고 그 하자로 인하여 입은 손해의 배상만을 청구할 수 있다 할 것인데, 이러한 경우 그 하자로 인하여 입은 통상의 손해는 특별한 사정이 없는 한 도급인이 하자 없이 시공하였을 경우의 목적물의 교환가치와 하자가 있는 현재의 상태대로의 교환가치와의 차액이 되고, 그 하자 있는 목적물을 사용함으로 인하여 발생하는 정신적 고통으로 인한 손해는 수급인이 그러한 사정을 알았거나 알 수 있었을 경우에 한하여 특별손해로서 배상받을 수 있다.

ㅁ. [誤] 하자로 인한 손해배상책임을 산정함에 있어 과실상계 규정이 유추되는지 여부를 묻는 지문이다. 비록 준용규정은 없지만, 도급인의 잘못을 참작하여야 손해배상액을 산정하여야 한다는 것이 대법원의 입장이다. 즉, 유추를 인정한다.
[大判 1990. 3. 9. 88다카31866] 수급인의 하자담보책임에 관한 민법 제667조는 법이 특별히 인정한 무과실 책임으로서 여기에 민법 제396조의 과실상계 규정이 준용될 수는 없다 하더라도 담보책임이 민법의 지도이념인 공평의 원칙에 입각한 것인

이상 하자발생 및 그 확대에 가공한 도급인의 잘못을 참작하여 손해배상의 범위를 정함이 상당하다.

> 조지사2 p572 문제 29번, p602 문제 2-(2), p167 문제 103번 / 민판2 p165 / 진모16회 29번 ⑤지문

ㅂ. [誤] 하자가 중요하지 아니하면서 그 보수에 과다한 비용이 드는 경우, 수급인 담보책임 내용을 묻는 지문이다. 하자보수청구나 하자보수에 갈음하는 손해배상청구는 허용되지 않으며, 하자로 인하여 입은 손해배상만을 청구할 수 있다는 것이 대법원의 입장이다.

[大判 1997. 2. 25. 96다45436] 건물신축도급계약에 있어서 수급인이 신축한 건물의 <u>하자가 중요하지 아니하면서 동시에 그 보수에 과다한 비용을 요하는 경우에는 도급인은 하자보수나 하자보수에 갈음하는 손해배상을 청구할 수 없고 그 하자로 인하여 입은 손해의 배상만을 청구할 수 있다</u> 할 것인데, 이러한 경우 그 <u>하자로 인하여 입은 통상의 손해는 특별한 사정이 없는 한 도급인이 하자 없이 시공하였을 경우의 목적물의 교환가치와 하자가 있는 현재의 상태대로의 교환가치와의 차액</u>이 되고, 그 하자 있는 목적물을 사용함으로 인하여 발생하는 정신적 고통으로 인한 손해는 수급인이 그러한 사정을 알았거나 알 수 있었을 경우에 한하여 특별손해로서 배상받을 수 있다.

> 조지사2 p570 문제 24번 / 민판2 p560 / 진모 22회 14번 ⓗ지문

정답 ①

---

7. 배점 2 사해행위 해당 여부 내지 사해행위 취소로 인한 원상회복에 관한 설명으로 옳지 않은 것은? (다툼 있으면 판례에 의함)

① 전득자를 상대로 사해행위 취소의 소를 제기한 경우, 원물반환이 가능한 때에는 가액배상은 허용되지 않으며, 원물반환이 불가능하거나 현저히 곤란한 경우에만 예외적으로 가액배상이 허용된다.

② 사해행위 취소소송에 있어서 목적 부동산의 등기명의를 수익자로부터 채무자 앞으로 복귀시키고자 하는 경우, 채권자는 수익자 명의의 등기의 말소를 청구하는 대신 수익자를 상대로 채무자 앞으로 직접 소유권이전등기절차를 이행할 것을 청구할 수도 있다.

③ 채무자가 양도한 목적물에 담보권이 설정되어 있고 피담보채권액이 목적물의 가액을 초과하는 경우, 당해 재산의 양도는 사해행위에 해당하지 않는다.

④ 가액배상의 방법으로 원상회복을 하는 경우, 그 배상액은 취소채권자의 채권액 범위 내로 제한되고, 이때 채권자의 채권액에는 사해행위 이후 사실심 변론종결시까지 발생한 이자나 지연손해금이 포함된다.

⑤ 저당권이 설정되어 있는 목적물에 관하여 소유권이전등기청구권보전을 위한 가등기가 사해행위로서 이루어지고, 그 가등기 후에 저당권이 말소되었다면, 가액배상의 방법으로 원상회복이 이루어져야 한다.

해설

① [正] 사해행위 취소에 따른 원상회복의 방법을 묻는 지문이다. 원물반환이 원칙이며, 원물반환이 불가능하거나 현저히 곤란한 경우에 예외적으로 가액반환이 허용된다는 것이 대법원의 입장이다.
[大判 1998. 5. 15, 97다58316] 채권자의 사해행위취소 및 원상회복청구가 인정되면, 수익자 또는 전득자는 원상회복으로서 사해행위의 목적물을 채무자에게 반환할 의무를 지게 되고, 원물반환이 불가능하거나 현저히 곤란한 경우에는 원상회복의무의 이행으로서 사해행위 목적물의 가액 상당을 배상하여야 하는 바, 원물반환이 불가능하거나 현저히 곤란한 경우라 함은 원물반환이 단순히 절대적·물리적으로 불능인 경우가 아니라 사회생활상의 경험법칙 또는 거래상의 관념에 비추어 채권자가 수익자나 전득자로부터 이행의 실현을 기대할 수 없는 경우를 말하고, 사해행위의 목적물이 수익자로부터 전득자로 이전되어 그 등기까지 경료되었다면 후일 채권자가 전득자를 상대로 소송을 통하여 구제받을 수 있는지 여부에 관계없이, 수익자가 전득자로부터 목적물의 소유권을 회복하여 이를 다시 채권자에게 이전하여 줄 수 있는 특별한 사정이 없는 한 그로써 채권자에 대한 목적물의 원상회복의무는 법률상 이행불능의 상태에 있다고 봄이 상당하다.

<small>조지사2 p238 문제 86번 / 민판2 p230 / 진모 17회 34번 ⓓ지문</small>

② [正] 원상회복의 방법으로 등기말소 대신 채무자 앞으로 이전등기를 청구할 수 있는지 여부를 묻는 지문이다. 진정한 등기명의를 회복하는 방법으로 이전등기를 청구하는 것도 허용된다는 것이 대법원의 입장이다.
[大判 2000. 2. 25, 99다53704] 자기 앞으로 소유권을 표상하는 등기가 되어 있었거나 법률에 의하여 소유권을 취득한 자가 진정한 등기명의를 회복하기 위한 방법으로는 그 등기의 말소를 구하는 외에 현재의 등기명의인을 상대로 직접 소유권이전등기절차의 이행을 구하는 것도 허용되어야 하는 바, 이러한 법리는 사해행위취소소송에 있어서 취소 목적 부동산의 등기명의를 수익자로부터 채무자 앞으로 복귀시키고자 하는 경우에도 그대로 적용될 수 있다고 할 것이고, 따라서 채권자는 사해행위의 취소로 인한 원상회복방법으로 수익자 명의의 등기의 말소를 구하는 대신 수익자를 상대로 채무자 앞으로 직접 소유권이전등기절차를 이행할 것을 구할 수도 있다.

<small>조지사2 p233 문제 71번 / 민판2 p227 / 진모 17회 38번 ㉠지문</small>

③ [正] 담보권이 설정된 목적물의 양도행위가 사해행위가 되는지 여부를 묻는 지문이다. 사해행위가 되기 위해서는 책임재산, 즉 일반채권자들이 집행할 수 있는 재산이 감소

되어야 한다. 이미 담보권이 설정된 목적물이 양도되었다면, 담보권의 피담보채권액과 목적물의 사해행위 당시 가액을 비교하여 목적물 가액이 큰 경우에만 그 차액에 해당하는 재산권 양도부분이 사해행위로 될 수 있다. 따라서 지문과 같이 피담보채권액이 목적물의 가액을 초과하는 경우라면 사해행위라고 할 수 없다.
[大判 2001. 10. 9, 2000다42618] 저당권이 설정되어 있는 부동산이 사해행위로 양도된 경우에 그 사해행위는 부동산의 가액, 즉 시가(공시지가와 일치하는 것은 아니다)에서 저당권의 피담보채권액을 공제한 잔액의 범위 내에서 성립하고, <u>피담보채권액이 부동산의 가액을 초과하는 때에는 당해 부동산의 양도는 사해행위에 해당한다고 할 수 없는 바</u>, 여기서 피담보채권액이라 함은 근저당권의 경우 채권최고액이 아니라 실제로 이미 발생하여 있는 채권금액이다.

조지사2 p224 문제 40번 41번 / 민판2 p212 / 진모 17회 25번 ㉠지문

④ [正] 채권자취소의 범위를 묻는 지문이다. 취소채권자의 채권액 범위에서 채권자취소권을 행사할 수 있다. 따라서 사해행위 당시 취소채권자가 가지고 있는 채권 및 그 채권에 대한 채권자취소소송의 사실심 변론종결 당시까지의 이자나 지연손해금이 포함된 금액 범위에서 채권자취소권을 행사할 수 있다.
[大判 2002. 4. 12, 2000다63912] 채권자가 채권자취소권을 행사할 때에는 <u>원칙적으로 자신의 채권액을 초과하여 취소권을 행사할 수 없고</u>, 이 때 <u>채권자의 채권액에는 사해행위 이후 사실심 변론종결시까지 발생한 이자나 지연손해금이 포함된다</u>.

조지사2 p233 문제 69번 / 민판2 p224 / 진모 17회 30번 ⑥지문

⑤ [誤] 저당권이 설정되어 있는 부동산에 가등기가 사해행위로서 이루어지고, 그 후 저당권이 말소된 경우, 채권자취소에 따른 원상회복 방법을 묻는 지문이다. 저당권이 말소되었다고 하더라도 그와 같은 사정으로 인하여 원상회복 방법이 원물반환이 아닌 가액배상으로 되어야 한다고 볼 수 없다는 것이 대법원의 입장이다. 저당권이 말소됨으로써 책임재산으로 회복된 부분은 '채무자'의 책임재산으로 회복되어 일반채권자들이 집행할 수 있는 재산으로 된다. 따라서 원물반환으로 가등기를 말소한다고 하더라도 책임재산으로 회복되지 말아야 할 재산까지 회복되는 결과가 발생하지는 않는다. 만약 사안과 달리 사해행위로서 저당권이 설정된 부동산이 양도되고, 그 후 저당권이 말소된 경우라면 저당권이 말소됨으로써 책임재산으로 회복된 부분은 '수익자'의 책임재산으로 회복된다. 따라서 원물반환으로 소유권이전등기를 말소한다면 채무자의 책임재산으로 될 수 없는 부분까지 채무자의 책임재산으로 회복시키는 결과가 되어 부당하다. 결국 원물반환이 불가능한 경우에 해당하여 가액반환을 할 수밖에 없는 결과에 이른다.
[大判 2001. 6. 12, 99다20612] 소유권이전등기청구권보전을 위한 가등기가 사해행위로서 이루어진 경우 그 매매예약을 취소하고 원상회복으로서 가등기를 말소하면 족한 것이고, 가등기 후에 저당권이 말소되었다거나 그 피담보채무가 일부 변제된 점 또는 그 가등기가 사실상 담보가등기라는 점 등은 그와 같은 원상회복의 방법에 아무런 영

향을 주지 않는다.

조지사2 p234 문제 73번 / 민판2 p229 / 진모 8회 38번 ㉠지문

정답 ⑤

8. 배점 2 甲은 乙과 乙의 주택을 임차하기로 하는 임대차계약을 체결하였는데, 임차보증금은 8,000만 원이었고, 甲은 2005. 3. 15. 입주하여 그날 전입신고를 마치고 계약서상에 확정일자를 받았다. 乙은 동년 4. 2. 丙은행으로부터 5,000만 원을 대출받으면서 위 주택에 채권최고액을 7,000만 원으로 하는 근저당권을 설정하였다. 그로부터 1년 뒤 乙이 채무를 변제하지 않자 丙은행은 근저당권을 실행하여 丁이 주택의 새로운 소유자가 되었다. 다음 중 옳지 않은 것을 모두 고른 것은? (다툼 있으면 판례에 의함)

> ㄱ. 甲은 丁에 대하여 자신의 임차권으로써 대항할 수 있다.
> ㄴ. 甲은 임대차관계의 승계를 원하지 아니하는 경우에도 임대차계약을 해지하고 보증금을 우선변제받을 수는 없다.
> ㄷ. 丁이 임대인으로서의 지위를 승계하는 경우, 乙은 甲에 대한 보증금 반환채무를 면한다.
> ㄹ. 丁은 주택에 관한 소유권취득의 원인이 된 계약을 해제함이 없이 乙이나 丙에게 부당이득의 반환을 청구할 수 있다.
> ㅁ. 위 사안의 주택에 임대차계약 전에 이미 다른 저당권이 설정되어 경매 시까지 존속한 경우, 丙은행이 근저당권을 실행하면 甲의 임차권은 소멸한다.

① ㄱ, ㄷ   ② ㄴ, ㄷ   ③ ㄴ, ㄹ   ④ ㄷ, ㅁ   ⑤ ㄹ, ㅁ

해설

ㄱ. [正] 甲의 주택임차권의 대항력이 인정되어 丁이 임대인의 지위를 승계하는지 여부를 묻는 지문이다. 丁은 경매를 통하여 임차주택의 소유권을 취득한 자로서 丁이 임대인의 지위를 승계하는지 여부는 甲의 임차권과 丙의 저당권 상호간의 우열의 문제가 된다. 甲이 주택임차권의 대항력의 요건인 인도와 주민등록을 마친 날은 2005. 3. 5.이므로 그 익일은 2005. 3. 6.부터 대항력을 취득한다. 한편 丙은 2005. 4. 2. 근저당권을 설정하였으므로 甲의 임차권이 우선한다. 대항력 있는 임차주택의 양수인은 임대인의 지위를 승계하므로(주택임대차보호법 제3조 제3항) 甲은 丁에 대하여 임차권으로 대항할 수 있다.

조지사2 p481 문제 46번 48번 / 진모 21회 31번 ㉵지문 변형

ㄴ. [誤] 대항력을 갖춘 임차인이 임대인 지위승계에 이의를 제기하여 임대차계약을 해지할 수 있는지 여부를 묻는 지문이다. 임대인 지위승계에 따라 보증금채무자의 지위까지도 면책적으로 인수되기 때문에 채무자가 달라지는 불이익이 임차인에게 발생한다. 대법원은 임차인에게 발생한 이와 같은 불이익을 회피하기 위하여 대항력 있는 임차인은 '신의칙'에 기하여 임대인 지위승계에 이의를 제기하여 임대차계약을 해지할 수 있다고 한다. 한편, 주택임대차보호법에서는 우선변제권을 행사하기 위하여 임대차의 종료를 요구하였던 종전 제3조의 2 제1항 단서를 삭제하였고, 제3조의 5에서는 "임차권은 임차주택에 대하여 민사집행법에 따른 경매가 행하여진 경우에는 그 임차주택의 경락에 따라 소멸한다."고 규정하여 대항력과 우선변제권을 겸유하고 있는 주택임차인이 보증금을 경매절차에서 우선변제 받을 수 있도록 하였다. 결국 甲이 임대차관계의 승계를 원하지 아니하는 경우에는 경매절차에서 배당요구를 하여 보증금을 우선변제 받을 수 있다.

[大判 1996. 7. 12, 94다37646] <u>임차주택의 양수인에게 대항할 수 있는 임차권자라도 스스로 임대차관계의 승계를 원하지 아니할 때에는 승계되는 임대차관계의 구속을 면할 수 있다고 보아야 하므로, 임차주택이 임대차기간의 만료 전에 경매되는 경우</u> 임대차 계약을 해지함으로써 종료시키고 우선변제를 청구할 수 있다. 그 경우 임차인에게 인정되는 해지권은 임차인의 사전 동의 없이 임대차 목적물인 주택이 경락으로 양도됨에 따라 임차인이 임대차의 승계를 원하지 아니할 경우에는 스스로 임대차를 종료시킬 수 있어야 한다는 공평의 원칙 및 신의성실의 원칙에 근거한 것이므로, 해지통고 즉시 그 효력이 생긴다.

조지사2 p498 문제 39번 / 민판2 p496 / 진모 21회 13번 ⓗ지문

ㄷ. [正] 임대인 지위가 승계되는 경우, 보증금채무가 새로운 임대인에게 인수되는지, 인수된다면 그 인수의 성격이 무엇인지를 묻는 지문이다. 대법원은 보증금채무는 임대인지위에 수반하여 새로운 임대인에게 인수된다고 본다. 한편 그 인수의 성격은 면책적 인수라고 이해하고 있다. 따라서 종전 임대인인 乙의 보증금반환채무는 소멸한다.

[大判 1987. 3. 10, 86다카1114] 주택임대차보호법상의 대항력을 갖춘 후 임대부동산의 소유권이 이전되어 그 양수인이 임대인의 지위를 승계하는 경우에는 임대차보증금반환채무도 부동산의 소유권과 결합하여 일체로서 이전하는 것이며 이에 따라 양도인의 보증금반환채무는 소멸한다.

조지사2 p519 문제 106번 / 민판2 p516 / 진모 21회 36번 ⓒ지문

ㄹ. [誤] 보증금반환채무를 인수한 임차주택 양수인이 종전 임대인이나 경매를 신청한 저당권자에 대해서 보증금반환채무액 상당의 부당이득반환을 청구할 수 있는지를 묻는 지문이다. 임대인의 지위를 승계한 丁이 비록 보증금을 甲에게 지급하였거나 혹은 주택을 인도받지 못하는 불이익을 입었다고 하더라도 丁은 보증금채무를 면책적

으로 인수한 것으로 보아야 하므로 乙이나 丙의 이익을 부당이득으로 볼 수는 없다. 물론 담보책임(주택임대보호법 제3조 제4항, 민법 제575조, 제578조)이나 인도의무 불이행으로 인한 손해배상책임(제390조) 등의 가능성은 있다.

[大判 1993. 7. 16. 93다17324] 주택의 임차인이 제3자에 대한 대항력을 구비한 후 임차 주택의 소유권이 양도된 경우에는, 그 양수인이 임대인의 지위를 승계하게 되고, 임차보증금 반환채무도 주택의 소유권과 결합하여 일체로서 이전하며, 이에 따라 양도인의 위 채무는 소멸한다 할 것이므로, <u>주택 양수인이 임차인에게 임대차보증금을 반환하였다 하더라도, 이는 자신의 채무를 변제한 것에 불과할 뿐,</u> 양도인의 채무를 대위변제한 것이라거나, 양도인이 위 금액 상당의 반환채무를 면함으로써 법률상 원인 없이 이익을 얻고 양수인이 그로 인하여 위 금액 상당의 손해를 입었다고 할 수 없다.

[大判 1996. 7. 12. 선고 96다7106] 경매의 목적물에 대항력 있는 임대차가 존재하는 경우에 경락인이 이를 알지 못한 때에는 경락인은 이로 인하여 계약의 목적을 달성할 수 없는 경우에 한하여 계약을 해제하고 채무자 또는 채무자에게 자력이 없는 때에는 배당을 받은 채권자에게 그 대금의 전부나 일부의 반환을 구하거나, 그 계약해제와 함께 또는 그와 별도로 경매목적물에 위와 같은 흠결이 있음을 알고 고지하지 아니한 채무자나 이를 알고 경매를 신청한 채권자에게 손해배상을 청구할 수 있을 뿐, <u>계약을 해제함이 없이 채무자나 경락대금을 배당받은 채권자들을 상대로 경매목적물상의 대항력 있는 임차인에 대한 임대차보증금에 상당하는 경락대금의 전부나 일부를 부당이득하였다고 하여 바로 그 반환을 구할 수 있는 것은 아니다.</u>

<mark>조지사2 p467 문제 76번 / 민판2 p533 / 진모 21회 37번 Ⓐ지문</mark>

ㅁ. [正] 대항력 있는 주택임차권보다 선순위 저당권이 있는 경우, 대항력 있는 주택임차권보다 후순위 저당권이 실행된 경우, 대항력 있는 주택임차권이 소멸하는지 여부를 묻는 지문이다. 대항력 있는 주택임차권과 저당권의 우열은 경매를 신청한 저당권과 비교하여 그 우열을 결정할 것이 아니라 당해 주택에 있는 최선순위저당권과 우열을 비교하여야 한다. 따라서 최선순위저당권보다 후순위의 주택임차권은 경매에 의한 매각에 의하여 소멸한다.

[大判 2000. 2. 11. 99다59306] 경매목적 부동산이 경락된 경우에는 <u>소멸된 선순위 저당권보다 뒤에 등기되었거나 대항력을 갖춘 임차권은 함께 소멸하는 것이고, 따라서 그 경락인은 주택임대차보호법 제3조에서 말하는 임차주택의 양수인 중에 포함된다고 할 수 없을 것이므로</u> 경락인에 대하여 그 임차권의 효력을 주장할 수 없다.

<mark>조지사2 p531 문제 144번 / 민판2 p534 / 진모 21회 37번 Ⓑ지문 참조</mark>

<mark>정답 ③</mark>

9. 배점 2 다음의 사례에 나타난 甲의 각 행위 중 乙의 의사에 반하여서도 할 수 있는 것을 모두 고른 것은? (다툼 있으면 판례에 의함) 진모 14회 17번과 동일유형으로 출제

> ㄱ. 甲은 乙에게 1,000만 원을 대여하였는데, 乙이 변제기에 이르러 이를 갚지 못하자, 甲은 변제기를 연기해주는 한편 채무 중 500만 원을 면제하여 주었다.
> ㄴ. 丙이 乙에게 주택을 보증금 1,000만 원, 차임 월 20만 원으로 정하여 임대하였는데, 乙이 차임을 계속 연체하여 연체액이 60만 원에 이르고 丙으로부터 독촉을 받게 되자, 乙의 고교 동창생인 甲이 대신 丙에게 乙의 연체 차임 60만 원을 변제하였다.
> ㄷ. 丙이 식당을 운영하는 乙에게 음식재료를 공급하였는데 乙이 식당 운영의 부진으로 영업을 중단하고 丙에 대한 물품대금 500만 원을 갚지 못하는 상태가 되자, 乙의 식당 단골손님이던 甲이 丙을 찾아가 乙의 물품대금채무 500만 원은 乙 대신 甲이 갚기로 하고 丙은 乙에 대해 이를 청구하지 않기로 약정하였다.
> ㄹ. 丙이 乙에게 1,000만 원을 대여하였는데, 乙의 동생인 甲은 乙의 부탁을 받음이 없이 乙의 丙에 대한 위 차용금채무를 보증하였다.
> ㅁ. 丙이 乙에게 5,000만 원을 대여하였는데, 乙의 사촌형인 甲이 乙과 의논하지 아니한 채 丙과의 사이에 乙의 위 채무를 甲이 병존적으로 인수하기로 하는 채무인수계약을 체결하였다.

① ㄱ, ㄴ ② ㄴ, ㄹ, ㅁ ③ ㄱ, ㄷ, ㅁ
④ ㄱ, ㄷ, ㄹ ⑤ ㄱ, ㄹ, ㅁ ⑥ ㄴ, ㄷ
⑦ ㄴ, ㅁ ⑧ ㄷ, ㄹ

해설

* 채무자의 의사에 반하여 제3자 변제, 면책적 채무인수, 보증계약의 체결, 중첩적 채무인수 등이 가능한지를 묻는 사례문제이다.

ㄱ. [할 수 있음] 채권자의 채무면제 혹은 변제기 유예가 채무자의 의사에 반하여 할 수 있는 행위인지를 묻는 지문이다. 우선 채무면제는 채권자의 일방적 단독행위이므로 그 상대방인 채무자의 의사와 무관하게 행하여질 수 있다. 한편, 변제기 유예도 역시 마찬가지이다. 변제기란 그 시기가 도래하여야 급부이행을 청구할 수 있다는 의미를 가지며, 그 시기가 되어야 채무자가 급부할 수 있다는 의미를 담고 있는 것은 아니기 때문이다.

ㄴ. [할 수 없음] 이해관계 없는 제3자인 甲이 채무자 乙의 의사에 반하여 제3자 변제를 할 수 있는지 여부를 묻는 지문이다. 이해관계 없는 제3자는 채무자의 의사에 반하여 변제하지 못한다(제469조 제2항).

ㄷ. [할 수 없음] 이해관계 없는 제3자가 채무자의 의사에 반하여 면책적 채무인수를 할 수 있는지 여부를 묻는 지문이다. 이해관계 없는 제3자는 채무자의 의사에 반하여 채무를 인수하지 못한다(제453조 제2항).

> 조지사2 p28 문제 11번

> 조지사2 p306 문제 7번

ㄹ. [할 수 있음] 이해관계 없는 제3자가 채무자의 의사에 반하여 보증계약을 체결할 수 있는지 여부를 묻는 지문이다. 보증계약은 보증인과 채권자 사이의 계약으로 보증인의 자격과 조건에 관한 일반적인 제한은 없다. 이해관계 없는 제3자라고 하더라도 채무자의 의사에 반하여 보증인이 될 수 있다. 민법 제444조 제2항은 주채무자의 의사에 반하여 보증인이 될 수 있음을 전제로 구상범위에 관하여 규정하고 있다.

> 조지사2 p253 문제 37번

ㅁ. [할 수 있음] 이해관계 없는 제3자가 채무자의 의사에 반하여 병존적 채무인수를 할 수 있는지 여부를 묻는 지문이다. 병존적 채무인수는 면책적 채무인수와 달리 기존 채무가 이전하는 것이 아니라 기존 채무와 동일한 내용의 채무가 새로이 발생하는 것이다. 따라서 채무자의 의사에 반하는 병존적 채무인수를 인정하더라도 채무자의 법률관계에 부당하게 개입하는 것이라고 할 수 없다.
[大判 1988.11.22. 선고 87다카1836] 중첩적 채무인수는 채권자와 채무인수인과의 합의가 있는 이상 채무자의 의사에 반하여서도 이루어질 수 있다.

> 조지사2 p323 문제 1번 / 민판2 p306

> 정답 ⑤

10. 배점 2 다음 사례에 관한 설명으로 옳지 않은 것을 모두 고른 것은? (다툼이 있는 경우에는 판례에 의하고, 특별법의 적용은 고려하지 않음)

교사 甲은 학교법인이 경영하는 고등학교의 교원으로 근무하던 중 지병으로 교직의 수행이 어려워져 2009. 12. 초에 사직원을 작성하여 제출하였다(이 사례에서 甲의 사직의 의사표시는 근로계약관계 합의해지의 청약으로 보기로 함). 그 후 甲은 지병이 완치됨에 따라 학교 측에 2010. 2. 23. 다시 근무하겠다는 의사를 밝혔으나, 2010. 3. 2. 학교 측은 이미 제출된 사직원을 근거로 甲을 면직시키기로 하는 이사회의 결의를 거쳐 면직처분하였다.

> ㄱ. 학교법인의 승낙의 효력은 이사회 결의 시에 발생한다.
> ㄴ. 甲의 사직청약의 철회가 학교 측에게 불측의 손해를 주는 등 신의칙에 반한다고 인정되는 특별한 사정이 있더라도, 학교 측에서 승낙의 의사표시를 하기 전에 철회한 것이므로 甲의 철회는 유효하다.
> ㄷ. 위 'ㄴ.'에서와 같은 신의칙에 반한다고 인정될 만한 특별한 사정이 없는 경우, 학교 측이 甲의 사직청약 철회 이후에 종전의 사직원에 기하여 그를 면직처분한 것은 무효이다.
> ㄹ. 만약 2010. 2. 20. 이사회에서 甲을 면직시키기로 결의하고, 그에 기해 당일 면직처분을 한 경우, 그 면직처분은 유효하다.

① ㄱ, ㄴ   ② ㄱ, ㄷ   ③ ㄱ, ㄹ
④ ㄴ, ㄹ   ⑤ ㄱ, ㄷ, ㄹ

해설

* 근로계약의 합의해지, 청약의 철회 등을 묻는 사례문제이다.

ㄱ. [誤] 청약에 대응하는 승낙의 효력발생시기를 묻는 지문이다. 승낙의 효력이 발생하는 것은 결국 계약의 효력이 발생하는 것이며, 격지자 간의 계약 성립시기에 관하여 민법 제531조는 승낙의 통지를 발송한 때에 성립한다고 규정하고 있다. 이사회의 결의만으로는 승낙의 통지를 발송한 것으로 볼 수 없다. 발송이란 표의자의 지배영역을 떠나는 시점을 의미하기 때문이다.

조지사2 p350 문제 8번 / 진모 19회 11번 ⓒ지문 참조

ㄴ. [誤] ㄷ. [正] 근로계약 합의해지의 청약을 철회하는 것이 허용되는지 여부를 묻는 지문이다. 민법 제527조는 '계약의 청약은 이를 철회하지 못한다.'고 규정하여 청약의 철회를 원칙적으로 금지하고 있다. 이는 청약 상대방이 가지는 계약체결의 기대를 보호하기 위한 것이다. 이러한 상대방의 기대는 계약관계를 새롭게 형성하는 경우에 특히 보호할 필요가 있다. 그러나 근로계약의 합의해지처럼 기존 계약관계를 해소하는 계약의 경우에도 역시 청약의 구속력을 똑같이 인정하여야 하는지는 의문이 있다. 대법원은 근로계약 합의해지의 경우에는 원칙적으로 청약의 구속력을 인정하지 않는다. 청약철회가 상대방에게 신의칙상 허용되지 않는 불측의 손해를 가져온다는 특별한 사정이 없는 한 허용된다는 입장이다. 따라서 甲의 청약철회가 학교 측에 불측의 손해를 주는 등 신의칙에 반한다고 인정되는 특별한 사정이 있다면 甲의 청약철회는 효력이 없다. 한편 그와 같은 특별한 사정이 없다면 甲의 청약철회는 유효하며, 그 후에 이루어진 학교 측의 면직처분은 합의해지의 승낙으로서는 효력이 없어 무효이다.

[大判 1992. 4. 10. 91다43138] 근로자가 일방적으로 근로계약관계를 종료시키는 해약

의 고지방법에 의하여 임의사직 하는 경우가 아니라, <u>근로자가 사직원의 제출방법에 의하여 근로계약관계의 합의해지를 청약하고 이에 대하여 사용자가 승낙함으로써 당해 근로관계를 종료시키게 되는 경우에 있어서는, 근로자는 위 사직원의 제출에 따른 사용자의 승낙의사가 형성되어 확정적으로 근로계약 종료의 효과가 발생하기 전에는 그 사직의 의사표시를 자유로이 철회할 수 있다</u>고 보아야 할 것이며, 다만 근로계약 종료의 효과발생 전이라고 하더라도 근로자가 사직의 의사표시를 철회하는 것이 사용자에게 불측의 손해를 주는 등 신의칙에 반한다고 인정되는 특별한 사정이 있는 경우에 한하여 그 철회가 허용되지 않는다고 해석함이 상당하다(필자 註 : 교사가 작성일자를 3개월 뒤로 한 사직원을 제출하였다가 사직원의 작성일자 이전에 사직의사를 철회한 것이 특별한 사정이 없는 한 그 철회의 효력이 있어 학교 측이 위 사직원을 근거로 면직처분을 한 것이 무효라고 한 사례).

조지사2 p350 문제 1번, p351 문제 2번 / 민판2 p331

ㄹ. [正] 청약철회가 언제까지 가능한지를 묻는 지문이다. 합의해지가 성립한 후에는 청약철회는 허용되지 않는다. 학교 측이 2010. 2. 20. 면직처분을 한 경우에는 면직처분 발송 시에 합의해지의 효력이 발생한다. 따라서 그 후인 2010. 2. 23. 甲이 한 청약철회는 효력이 없어 합의해지의 효력에 영향을 주지 않는다.
[大判 2000. 7. 7. 98다42172] 명예퇴직이란 근로자가 명예퇴직의 신청(청약)을 하면 사용자가 요건을 심사한 후 이를 승인(승낙)함으로써 합의에 의하여 근로관계를 종료시키는 것으로, 명예퇴직 대상자로 확정되었다고 하여 그 때에 명예퇴직의 효력이 발생하는 것이 아니라 예정된 명예퇴직일자에 비로소 퇴직의 효력이 발생하여 명예퇴직예정일이 도래하면 근로자는 당연히 퇴직되고 사용자는 명예퇴직금을 지급할 의무를 부담하게 되는 것이고, <u>명예퇴직의 합의가 있은 후에는 당사자 일방이 임의로 그 의사표시를 철회할 수 없다</u>(필자 註 : 명예퇴직 합의 후 명예퇴직예정일 이전에 근로자가 사망한 경우, 명예퇴직 합의 당시의 당사자의 의사가 명예퇴직금의 지급이 근로자에게 책임 없는 사유인 사망으로 퇴직되는 경우까지도 상정하여 어떠한 경우에도 반드시 명예퇴직예정일까지 근로관계의 존속을 조건으로 한 취지였는지 여부에 관하여 심리하지 아니한 채 명예퇴직의 효력 발생 이전에 사망하여 명예퇴직금을 지급할 의무가 없다고 한 원심판결을 심리미진을 이유로 파기한 사례).

조지사2 p354 문제 14번 / 민판2 p333 / 진모 19회 8번 ⓒ지문 유사

정답 ①

11. 배점 2 이행지체에 관한 설명 중 옳은 것은? (다툼 있으면 판례에 의함)

① 이행지체에 빠져 원본과 지연이자를 지급할 의무가 있는 금전채무자가 원본과 지연이자를 합한 전액에 부족한 이행제공을 하면서 이를 원본에 대한 변제로 지정하였

다만, 그 지정은 변제충당의 법리에 따라서 채권자에 대해 효력이 있으므로 채권자는 그 수령을 거절할 수 없다.
② 매수인과 매도인 간의 물품대금 지급방법에 관한 약정에 따라 대금지급을 위해서 매도인에게 지급기일이 물품공급일자 이후로 된 약속어음이 발행되어 교부된 경우, 발행인의 지급정지사유로 그 지급기일 이전에 지급이 거절되었다면, 매수인의 물품대금채무는 그 지급이 거절된 때 이행기 도래의 효과가 발생한다.
③ 금전채무의 이행지체로 인하여 발생하는 지연이자는 단기소멸시효에 관한 민법 제163조 제1호가 규정한 '1년 이내의 기간으로 정한 채권'에 해당하여 3년의 단기소멸시효의 대상이 된다.
④ 부동산 매수인이 선이행의무 있는 중도금을 지급하지 않고 있던 중에 잔대금 지급과 동시이행관계에 있는 매도인의 소유권이전등기서류의 교부가 되지 않은 상태에서 잔대금지급기일이 도과되었다면, 매수인은 특별한 사정이 없는 한 그 도과된 때부터의 중도금지급에 대한 이행지체책임은 지지 않는다.
⑤ 정지조건부 기한이익 상실특약이 있는 경우, 그 특약에서 정한 기한의 이익 상실사유가 발생하고 기한의 이익을 상실하게 하는 채권자의 의사표시가 있어야 이행기도래의 효과가 발생한다.

해설

① [誤] 지정충당의 한계를 묻는 지문이다. 원본과 지연이자를 모두 지급하기에 부족한 변제를 한 경우, 채무자의 지정에 따라 원본에 먼저 충당될 수 있는지를 묻는 지문이다. 제479조는 비용, 이자, 원본에 대한 변제충당의 순서를 규정하고 있는데, 이는 지정충당에 대한 제한으로 이해되고 있다. 따라서 당사자 일방의 지정에도 불구하고, 비용 → 이자 → 원본의 순으로 충당되어야 한다. 지연이자가 비록 이자는 아니지만, 파생적 채무라는 점에서 변제충당의 경우에는 이자로 취급된다. 결국 채무자가 원본에 대한 변제로 지정하였다고 하더라도 지정은 효력이 없으므로 지연이자에 먼저 충당되고 남은 금액이 원본에 충당된다.
[大判 2002. 5. 10, 2002다12871·12888] 비용·이자·원본에 대한 변제충당에 있어서는 민법 제479조에 그 충당 순서가 법정되어 있고 지정변제충당에 관한 같은 법 제476조는 준용되지 않으므로 당사자 사이에 특별한 합의가 없는 한 비용·이자·원본의 순서로 충당하여야 할 것이고, 채무자는 물론 채권자라고 할지라도 위 법정 순서와 다르게 일방적으로 충당의 순서를 지정할 수는 없다고 할 것이지만, 당사자의 일방적인 지정에 내하여 상대방이 지체없이 이의를 제기하지 아니함으로써 묵시적인 합의가 되었다고 보여지는 경우에는 그 법정충당의 순서와는 달리 충당의 순서를 인정할 수 있는 것이다.

조지사2 p42 문제 32번 / 민판2 p46 / 진모 14회 28번 ⓒ지문

② [誤] 원인채무의 이행기보다 후의 일자가 만기로 되는 약속어음이 교부된 경우, 원인채무의 변제기가 유예되는지 여부 및 변제기가 유예된다면 그 후 어음금채무의 지급기일 전에 지급이 거절된 경우에도 원인채무 변제기 유예의 효과가 유지되는지 여부를 묻는 지문이다. 원인채무의 지급을 위하여 약속어음이 교부된 경우에는 채권자는 어음상 채권을 먼저 행사하여 원인채권을 실현하여야 하므로 약속어음의 만기가 원인채무의 이행기보다 후의 일자가 되는 때에는 원인채무의 이행기를 약속어음상 만기일로 유예한 것으로 채권자의 의사를 해석할 수 있다. 물론 원인채무의 이행지체가 이미 발생하였다면 후의 일자가 만기로 되는 약속어음을 교부받았다고 하더라도 채권자의 기한유예의사를 인정할 수는 없을 것이다. 한편, 원인채무의 이행기가 유예된 후에는 비록 약속어음이 지급기일 이전에 지급거절 되었다고 하더라도 이를 원인채무의 기한이익 상실사유로 하지 않은 한, 원인채무의 이행기에는 영향이 없다.
[大判 2000. 9. 5, 2000다26333] 매수인이 매도인으로부터 물품을 공급받은 다음 그들 사이의 물품대금 지급방법에 관한 약정에 따라 그 대금의 지급을 위하여 물품 매도인에게 <U>지급기일이 물품 공급일자 이후로 된 약속어음을 발행·교부한 경우</U> 물품대금 지급채무의 <U>이행기는 그 약속어음의 지급기일이고</U>, 위 약속어음이 <U>발행인의 지급정지의 사유로 그 지급기일 이전에 지급거절 되었더라도 물품대금 지급채무가 그 지급거절 된 때에 이행기에 도달하는 것은 아니다.</U>

조지사2 p110 문제 10번 / 민판2 p66 / 진모 15회 29번 ②지문

③ [誤] 지연이자의 법적 성질을 묻는 지문이다. 지연이자는 이행지체를 원인으로 한 손해배상금이므로 3년의 단기 소멸시효의 대상이 되는 이자에 해당하지 않는다.
[大判 1993. 9. 10, 93다20139] 굴삭기 할부대금 지급에 관한 <U>보증보험계약에 따라 보험계약자가 보험회사에게 지급하기로 한 지연이자</U>는 보험계약자가 보험회사의 보험금 지급액에 대한 구상채무의 이행을 지체함으로써 발생한 손해배상금이지 이자가 아니고, 민법 제163조 제1호 소정의 1년 이내의 기간으로 정한 금전 또는 물건의 지급을 목적으로 하는 채권에도 해당되지 아니하므로, 그 지급채권은 <U>단기소멸시효의 대상이 된다고 볼 수 없다.</U>

조지사2 p454 문제 69번 / 민판1 p364 / 진모 7회 20번 ㉣지문

④ [正] 선이행의무가 있는 중도금채무가 이행되지 않고 있는 동안 대가관계 있는 상대방 채무의 변제기가 도래한 경우, 중도금채무의 이행지체가 면제되는지 여부를 묻는 지문이다. 동시이행항변권의 요건으로서 상대방 채무의 변제기 도래는 동시이행항변권을 행사할 때에 갖추어져 있으면 족할 뿐, 처음부터 이행기가 같아야 하는 것은 아니다. 상대방의 대가관계 있는 채무의 변제기가 도래하면 그때부터 동시이행의 항변권을 행사할 수 있고, 동시이행의 항변권의 효과로서 지체면제효과도 그때부터 발생한다. 따라서 매도인의 소유권이전등기서류 교부의무의 이행기가 도래하면 선이행의무가 있는 중도금채무도 그때부터 동시이행관계에 놓이게 되고, 이행지체가 면제된다.
[大判 2002. 3. 29, 2000다577] 매수인이 선이행의무 있는 중도금을 지급하지 않았다

하더라도 계약이 해제되지 않은 상태에서 잔대금 지급일이 도래하여 그때까지 중도금과 잔대금이 지급되지 아니하고 잔대금과 동시이행관계에 있는 매도인의 소유권이전등기 소요서류가 제공된 바 없이 그 기일이 도과하였다면, 다른 특별한 사정이 없는 한, 매수인의 중도금 및 잔대금의 지급과 매도인의 소유권이전등기 소요서류의 제공은 동시이행관계에 있다 할 것이어서 그때부터는 매수인은 중도금을 지급하지 아니한 데 대한 이행지체의 책임을 지지 아니한다.

조지사2 p379 문제 36번 / 민판2 p358 / 진모 15회 32번 ⓔ지문

⑤ [誤] 정지조건부 기한이익 상실특약이 있는 채무의 이행기도래효과가 발생하기 위한 요건을 묻는 지문이다. 형성권적 기한이익 상실특약이 있는 경우와 달리 정지조건의 성취만으로 이행기도래의 효과가 발생한다. 따라서 별도로 채권자의 의사표시가 있어야 하는 것은 아니다.
[大判 1989. 9. 29. 88다카14663] 계약당사자 사이에 일정한 사유가 발생하면 채무자는 기한의 이익을 잃고 채권자의 별도의 의사표시가 없더라도 바로 이행기가 도래한 것과 같은 효과를 발생케 하는 이른바 정지조건부 기한이익상실의 특약을 한 경우에는 그 특약에 정한 기한이익의 상실사유가 발생함과 동시에 기한의 이익을 상실케 하는 채권자의 의사표시가 없더라도 이행기도래의 효과가 발생하고, 채무자는 특별한 사정이 없는 한 그때부터 이행지체의 상태에 놓이게 된다.

조지사2 p115 문제 28번 / 민판2 p110 / 진모 7회 39번 ⓗ지문

정답 ④

12. 배점 3 甲은 乙에 대한 3,000만 원의 물품대금채권 중 1,000만 원을 丙에게 양도하고 乙에게 확정일자 있는 증서로 2007. 3. 2. 통지하였다. 그 후 2007. 3. 30. 甲은 다시 위 물품대금채권 전부(3,000만 원)를 丁에게 양도하였고, 같은 날 乙이 이의를 보류하지 않고 이를 구두로 승낙하였다. 그리고 甲의 채권자 戊가 3,000만 원의 대금채권 중 600만 원에 대하여 압류 및 전부명령을 받았고, 그 전부명령이 2007. 5. 4. 乙에게 도달하였다. 위 사례에서 乙은 丁, 戊에게 각 얼마를 지급해야 하는가? (다툼 있으면 판례에 의함.)

① 丁에게 3,000만 원, 戊에게 0원
② 丁에게 2,400만 원, 戊에게 600만 원
③ 丁에게 2,000만 원, 戊에게 600만 원
④ 丁에게 2,000만 원, 戊에게 0원
⑤ 丁에게 1,400만 원, 戊에게 600만 원

> **해설**

> * 채권에 대한 이해관계인이 다수인 경우, 채무자는 누구를 채권자로 인정하여 변제하여야 하는지를 묻는 사례문제이다.
> (ㄱ) 丙에 대한 채권양도의 효력 ; 丙에 대한 채권양도는 확정일자 있는 증서로 통지되었으므로 다른 이해관계인 丁과 戊에 대해서도 대항할 수 있다. 3천만 원 채권 중에서 1천만 원은 丙에게 적법하게 이전되었다.
> (ㄴ) 丁에 대한 채권양도의 효력 ; 丁에 대한 채권양도에 대해서 채무자 乙이 이의를 보류하지 않고 승낙을 하였으므로 乙은 제451조에 따라 항변상실의 효과를 받는다. 그러나 채권의 귀속에 관한 사유는 상실되지 아니하므로 채무자 乙은 1천만 원이 이미 丙에게 양도되었음을 주장할 수 있고, 나아가 6백만 원의 압류 및 전부명령에 따라 나머지 2천만 원 채권 중에서 6백만 원의 채권이 전부명령에 따라 戊에게 귀속되었음을 주장할 수도 있다. 결국 丁은 1천 4백만 원의 채권에 대해서만 채권양도의 효력을 주장할 수 있다.
> [大判 1994.4.29, 93다 35551] 민법은 채권의 귀속에 관한 우열을 오로지 확정일자 있는 증서에 의한 통지 또는 승낙의 유무와 그 선·후로써만 결정하도록 규정하고 있는 데다가, 채무자의 "이의를 보류하지 아니한 승낙"은 민법 제451조 제1항 전단의 규정 자체로 보더라도 그의 양도인에 대한 항변을 상실시키는 효과밖에 없고, 채권에 관하여 권리를 주장하는 자가 여럿인 경우 그들 사이의 우열은 채무자에게도 효력이 미치므로, 위 규정의 "<u>양도인에게 대항할 수 있는 사유</u>"란 채권의 성립, 존속, 행사를 저지 배척하는 사유를 가리킬 뿐이고, 채권의 귀속(채권이 이미 타인에게 양도되었다는 사실)은 이에 포함되지 아니한다.
> (ㄷ) 戊에 대한 전부명령의 효력 ; 丁에 대한 채권양도에도 불구하고, 아직 변제가 이루어지기 전에 양도된 채권에 전부명령이 내려진 경우, 丁에 대한 채권양도가 제3자에 대한 대항력을 갖추지 못하였으므로 전부채권자 戊가 우선한다. 따라서 戊는 6백만 원의 채권을 취득한다.

> 조지사2 p315 문제 29, p318 문제 39, 문제 41번 p321 문제 3-(1)번
> / 민판2 p298 / 진모 18회 33번 ③지문, 18회 34번 ⓒ지문 조합형

정답 ⑤

※ **다음 사실관계를 읽고 아래 각 문항(문13, 문14)에 답하시오.**

> 甲과 乙(처)은 혼인하여 딸 A, 아들 B를 두었고, A는 C와 혼인하여 자녀 D, E를 두었으며, B는 F와 혼인하여 자녀 G를 두었다. 그런데 C를 제외한 위 전원(甲, 乙, A, B, D, E, F, G)이 함께 여행 중 사고로 모두 사망하였다. 당시 甲에게 형제자매 丙, 丁이 있었고(丙은 전처와의 사이에 자녀 H, I를 두고 있음), 그 밖에 다른 직계비속이나 직계존속은 없다. 甲은 상속재산으로 X 부동산(시가 9억 원 상당)과 대출금채무 6,000만 원을 남겼다.

13. 배점 2 위 사례에서 상속인 및 상속의 효력에 관한 설명으로 옳지 않은 것을 모두 고른 것은? (다툼 있으면 판례에 의함) 진모 27회 9번 4번 32번 문제 변형

ㄱ. C는 甲의 재산을, A가 甲보다 먼저 사망한 경우는 대습상속을 하고, 甲이 A보다 먼저 사망한 경우에는 A를 거쳐 본위상속을 한다.
ㄴ. 甲과 A가 동시에 사망한 것으로 추정되는 경우, C는 甲의 재산을 대습상속한다.
ㄷ. 丙과 丁은 甲의 X 부동산에 대하여 자신의 기여분을 주장할 수 있다.
ㄹ. 사례에서 C가 위 여행에 함께 갔다가 사고로 사망(甲, 乙, A, B, F와 동시사망 추정됨)하고 甲의 손자녀 D, E, G가 생존한 경우, D, E, G는 각각 X 부동산의 1/3 지분과 대출금채무 2,000만 원씩을 상속한다.

① ㄱ, ㄴ   ② ㄱ, ㄷ   ③ ㄴ   ④ ㄱ, ㄹ
⑤ ㄱ, ㄴ, ㄷ   ⑥ ㄷ   ⑦ ㄷ, ㄹ   ⑧ ㄴ, ㄹ

해설

ㄱ. [正] 피상속인(甲)과 상속인으로 될 직계비속(A)이 모두 사망한 경우, 직계비속의 배우자(C) 상속의 성질을 묻는 지문이다. 직계비속이 피상속인보다 먼저 사망한 경우에는 직계비속의 배우자는 대습상속 한다. 한편, 피상속인이 직계비속보다 먼저 사망한 경우에는 피상속인을 직계비속이 본위상속하고, 직계비속이 사망함에 따라 직계비속의 배우자가 다시 직계비속을 본위상속 한다.

> 조지사2 p875 문제 15번 p876 문제 16번 / 민판2 p820 / 진모 27회 9번 ⓔ지문 / 가족법강의 p259 (2)대습원인

ㄴ. [正] 동시사망이 대습원인에 해당하는지 여부를 묻는 지문이다. 대습상속의 원인으로 민법은 상속개시 전 사망과 상속결격만을 규정하고 있다(제1001조). 피상속인과 상속인으로 될 직계비속이 동시에 사망한 경우에도 대법원은 대습원인이 된다고 한다. 만약 이를 대습원인으로 인정하지 않으면 직계비속의 배우자 등 대습상속인의 기대를 보호하지 못하는 결과가 되어 부당하기 때문이다.
[大判 2001. 3. 9, 99다13157] 원래 대습상속제도는 대습자의 상속에 대한 기대를 보호함으로써 공평을 꾀하고 생존 배우자의 생계를 보장하여 주려는 것이고, 또한 동시사망 추정규정도 자연과학적으로 엄밀한 의미의 동시사망은 상상하기 어려운 것이나 사망의 선·후를 입증할 수 없는 경우 동시에 사망한 것으로 다루는 것이 결과에 있어 가장 공평하고 합리적이라는 데에 그 입법취지가 있는 것인 바, 상속인이 될 직계비속이나 형제자매(피대습자)의 직계비속 또는 배우자(대습자)는 피대습자가 상속개시 전에 사망한 경우에는 대습상속을 하고, 피대습자가 상속개시 후에 사망한 경우에는 피대습자를 거쳐 피상속인의 재산을 본위상속을 하므로 두 경우 모두 상속을 하는데, 만일 피대습자가 피상속인의 사망, 즉 상속개시와 동시에 사망한 것으로 추

정되는 경우에만 그 직계비속 또는 배우자가 본위상속과 대습상속의 어느 쪽도 하지 못하게 된다면 동시사망 추정 이외의 경우에 비하여 현저히 불공평하고 불합리한 것이라 할 것이고, 이는 앞서 본 대습상속제도 및 동시사망 추정규정의 입법취지에도 반하는 것이므로, 민법 제1001조의 "상속인이 될 직계비속이 상속개시 전에 사망한 경우"에는 "상속인이 될 직계비속이 상속개시와 동시에 사망한 것으로 추정되는 경우"도 포함하는 것으로 합목적적으로 해석함이 상당하다.

> 조지사2 p878 문제 26번, p875 문제 15번 / 민판2 p820 / 진모 27회 9번 ㉣지문 / 가족법강의 p259 (2)대습원인

ㄷ. [誤] 공동상속인이 아닌 자가 기여분을 주장할 수 있는지 여부를 묻는 지문이다. 기여분은 공동상속인이 주장할 수 있는 것이다(제1008조의 2). C가 대습상속인으로서 직계비속인 A에 갈음하여 상속인이 되므로 피상속인 甲의 형제자매인 丙과 丁은 상속인이 될 수 없다. 따라서 공동상속인이 아닌 丙과 丁은 기여분을 주장할 수 없다.

> 조지사2 p901 문제 24번 / 진모 27회 32번 ⓓ지문 / 가족법강의 p308 (나)기여분을 받을 수 있는 자 : 공동상속인

ㄹ. [誤] 상속인으로 될 직계비속이 모두 사망한 경우, 손자녀 상속의 법적 성질을 묻는 지문이다. 대법원은 대습상속설을 따르고 있다. 직계비속의 배우자의 상속을 인정하는 것이 타당하다는 점을 이유로 하고 있다. 따라서 손자녀 D, E, G는 피대습자의 지위에서 甲을 상속한다. 그 결과 D, E의 경우에는 1/4, G의 경우에는 1/2의 상속지분을 가진다.
[大判 2001. 3. 9, 99다13157] 피상속인의 자녀가 상속개시 전에 전부 사망한 경우 피상속인의 손자녀는 본위상속이 아니라 대습상속을 한다.

> 조지사2 p873 문제 9번, p955 문제 1-(3), p878 문제 24 / 민판2 p819 / 진모 27회 4번 ㉠지문 / 가족법강의 p259 (2)대습원인

> 정답 ⑦

14. 배점 3 위 사례에서 C가 상속을 포기한 경우, 丙, 丁에 관한 설명으로 옳은 것(○)과 옳지 않은 것(×)을 바르게 표시한 것은? (다툼 있으면 판례에 의함.)

ㄱ. 丙이 상속포기를 한 경우, 丙의 상속분은 H와 I가 대습상속을 한다.
ㄴ. 丙이 X 부동산의 특정 부분을 丁과 합의 없이 배타적으로 점유·사용하고 있다면, 丙은 비록 그 특정 부분의 면적이 자신의 지분 비율에 상당하는 면적 범위 내라고 할지라도, 공유토지를 전혀 사용·수익하지 않고 있는 丁에게 丁의 지분에 상응하는 부당이득 반환의무가 있다.
ㄷ. 丙과 丁이 상속재산 분할협의로 甲의 대출금채무 6,000만 원을 丙에게 귀속시키기로 한 경우에는 상속개시된 때에 소급하여 그 효력이 있다.

① ㄱ(O), ㄴ(O), ㄷ(O)　　　② ㄱ(O), ㄴ(O), ㄷ(×)
③ ㄱ(×), ㄴ(O), ㄷ(O)　　　④ ㄱ(×), ㄴ(O), ㄷ(×)
⑤ ㄱ(×), ㄴ(×), ㄷ(O)　　　⑥ ㄱ(×), ㄴ(×), ㄷ(×)
⑦ ㄱ(O), ㄴ(×), ㄷ(×)　　　⑧ ㄱ(O), ㄴ(×), ㄷ(O)

해설

ㄱ. [誤] 상속포기가 대습상속의 원인인지 여부를 묻는 지문이다. 상속포기를 대습상속의 원인으로 민법은 규정하고 있지 않으며(제1001조), 공동상속인 중 1인이 상속을 포기한 경우에 그 상속분은 다른 상속인의 상속분의 비율로 그 상속인에게 귀속한다는 제1043조의 규정에 비추어 상속포기는 대습상속의 원인이라고 할 수 없다. 따라서 상속을 포기한 丙의 직계비속 H, I가 대습상속 할 수는 없다.
[大判 1995. 4. 7. 94다11835] 제1순위 상속권자인 처와 자들이 모두 상속을 포기한 경우에는 손이 직계비속으로서 상속인이 된다.

> 조지사2 p880 문제 1-(2)　p954 문제 1-(2) / 민판2 p820 /
> 진모 27회 4번 ⓒ지문 참조 / 가족법강의 p259~260 (2)대습원인

ㄴ. [正] 공유자 1인이 공유물의 특정부분을 배타적으로 점유·사용하는 경우, 사용·수익하고 있지 아니한 다른 공유자에 대하여 부당이득반환의무를 부담하는지 여부를 묻는 지문이다. 공유자 1인은 공유물의 특정부분을 배타적으로 사용·수익할 권원을 보유하고 있지 않다. 공유지분이란 다른 공유자의 사용·수익을 인정하는 사용권능을 포함하고 있을 뿐이기 때문이다.
[大判 2002. 10. 11. 2000다17803] 토지의 공유자는 각자의 지분 비율에 따라 토지 전체를 사용·수익할 수 있지만, 그 구체적인 사용·수익 방법에 관하여 공유자들 사이에 지분 과반수의 합의가 없는 이상, 1인이 그 전부를 배타적으로 점유·사용할 수 없는 것이므로, 공유자 중의 일부가 그 전부를 배타적으로 점유·사용하고 있다면, 다른 공유자들 중 지분은 있으나 사용·수익은 전혀 하지 않고 있는 자에 대하여는 그 자의 <u>지분에 상응하는 부당이득</u>을 하고 있다.

> 조지사1 p703 문제 12번 / 민판1 p592 / 진모 27회 16번 ⓔ지문

ㄷ. [誤] 금전채무인 상속채무가 상속재산분할의 대상이 되는지 여부를 묻는 지문이다. 가분적 채무인 금전채무는 상속과 동시에 법정상속분에 따라 공동상속인들에게 분속된다. 상속재산분할의 대상이 되지 아니한다. 따라서 丙과 丁이 상속재산분할협의에 따라 甲의 6천만 원 채무를 丙에게 귀속시키기로 하였다고 하더라도 상속재산분할협의로서는 효력이 생기지 아니한다. 다만, 면책적 채무인수로서의 효력은 인정될 수 있으나, 채권자의 승낙이 있어야 한다. 결국 丙과 丁의 합의를 상속이 개시된 때에 소급하여 효력이 생기는 상속재산분할협의라고 할 수는 없다.
[大判 1997. 6. 24. 97다8809] [1] 금전채무와 같이 급부의 내용이 가분인 채무가 공

동상속 된 경우, 이는 상속 개시와 동시에 당연히 법정상속분에 따라 공동상속인에게 분할되어 귀속되는 것이므로, 상속재산 분할의 대상이 될 여지가 없다. [2] 상속재산 분할의 대상이 될 수 없는 상속채무에 관하여 공동상속인들 사이에 분할의 협의가 있는 경우라면 이러한 협의는 민법 제1013조에서 말하는 상속재산의 협의분할에 해당하는 것은 아니지만, 위 분할의 협의에 따라 공동상속인 중의 1인이 법정상속분을 초과하여 채무를 부담하기로 하는 약정은 면책적 채무인수의 실질을 가진다고 할 것이어서, 채권자에 대한 관계에서 위 약정에 의하여 다른 공동상속인이 법정상속분에 따른 채무의 일부 또는 전부를 면하기 위하여는 민법 제454조의 규정에 따른 채권자의 승낙을 필요로 하고, 여기에 상속재산 분할의 소급효를 규정하고 있는 민법 제1015조가 적용될 여지는 전혀 없다.

조지사2 p897 문제 10번 p911 문제 13번 / 민판2 p833 / 진모 27회 29번
ⓔ지문, 40번 ⓒ지문 / 가족법강의 p291 (2)가분채권·채무

정답 ④

15. 배점 3 친족회에 관한 설명 중 옳은 것을 모두 고른 것은? (다툼 있으면 판례에 의함)

ㄱ. 친권자가 미성년자의 친족회원을 지정할 수 있는 경우는 그 친권자가 후견인을 지정할 수 있는 때라야 할 것이고, 후견인을 지정할 수 있는 때는 결국 유언으로 후견인을 지정하는 경우를 말한다.
ㄴ. 친족회원은 정당한 사유가 있는 때에는 가정법원에 그 사유를 서면으로 신고하고 사퇴할 수 있다.
ㄷ. 친족회의 의사(議事)에 관하여 의견이 일치하지 않을 때에는 회원 과반수의 찬성으로 결정한다.
ㄹ. 가정법원이 친족회의 소집허가를 한 경우, 민법은, 가정법원이 그 친족회가 소집되어 결의를 하였는지 확인하고, 이를 통하여 친족회의 동의를 얻지 않은 후견인의 행위를 감독하도록 규정하고 있다.
ㅁ. 한정치산자의 후견인이 한정치산자의 법정대리인으로서 소를 제기하기 위해서는 친족회의 동의를 얻어야 한다.
ㅂ. 가정법원에 의하여 소집되지 아니한 친족회의 결의는 중대한 절차상의 하자가 있으므로 그 결의는 부존재 내지는 무효이다.

① ㄱ, ㄴ, ㄷ, ㅁ   ② ㄱ, ㄴ, ㄷ, ㅂ
③ ㄱ, ㄷ, ㄹ, ㅁ   ④ ㄴ, ㄷ, ㄹ, ㅁ
⑤ ㄱ, ㄷ, ㅁ, ㅂ   ⑥ ㄴ, ㄷ, ㄹ, ㅂ
⑦ ㄴ, ㄷ, ㅁ, ㅂ   ⑧ ㄷ, ㄹ, ㅁ, ㅂ

> 해설

ㄱ. [正] 후견인을 지정할 수 있는 친권자는 미성년자의 친족회원을 지정할 수 있다(제962조). 미성년자에 대하여 친권을 행사하는 부모는 유언으로 미성년자의 후견인을 지정할 수 있다(제931조).
[大判 1975. 3. 25. 74다1998] 친권자가 미성년자의 친족회원을 지정할 수 있는 경우는 친권자가 후견인을 지정할 수 있는 때라야 하고 친권자가 후견인을 지정할 수 있는 때에는 유언으로 후견인을 지정하는 경우를 말한다.

민판2 p816

ㄴ. [誤] 친족회원은 정당한 사유 있는 때에는 법원의 허가를 얻어 이를 사퇴할 수 있다(제970조). 단순히 가정법원에 그 사유를 서면으로 신고하고 사퇴할 수는 없다. 법원의 허가를 얻어야 한다.

조지사2 p821 문제 61번 / 가족법강의 p234 3)친족회원의 변동

ㄷ. [正] 친족회의 의사는 회원과반수의 찬성으로 결정한다(제967조 제1항).

가족법강의 p236 1)친족회의 결의방법

ㄹ. [誤] 친족회는 일정한 자의 청구에 의하여 가정법원이 소집한다(제966조). 따라서 가정법원이 소집허가를 하고, 소집되어 결의를 하였는지 등을 확인하고 감독하는 규정을 민법은 마련하고 있지 않다.

조지사2 p860 문제 9-(1) / 가족법강의 p235 (1)친족회의 소집

ㅁ. [正] 후견인이 피후견인에 갈음하여 소송행위를 하기 위해서는 친족회의 동의를 얻어야 한다(제950조 제1항 제4호).

조지사2 p823 문제 74번 / 진모 1회 32번 ⑤지문 / 가족법강의 p229 (3)피후견인의 재산에 관한 권한

ㅂ. [正] 가정법원에 의하여 소집되지 아니한 친족회 결의의 효력을 묻는 지문이다. 대법원은 이를 무효로 보고 있다.
[大判 1997. 6. 27. 97다3828] 민법 제966조에 의하면, 친족회는 본인 기타 이해관계인 등의 청구에 의하여 가정법원이 이를 소집하도록 규정되어 있으므로, 가정법원이 소집하지 아니한 친족회의 결의는 중대한 절차상의 하자가 있어 부존재 내지 무효이다.

조지사2 p823 문제 81번 /민판2 p816 / 가족법강의 p236 (1)친족회의 소집

정답 ⑤

16. 배점 3 상속재산의 분할에 관한 설명으로 옳은 것을 모두 고른 것은? (다툼 있으면 판례에 의함)

> ㄱ. 상속재산의 협의분할은 공동상속인 사이에 이루어지는 계약으로서 공동상속인 전원이 함께 참여하여야 유효하므로, 협의분할이 순차적으로 이루어지거나 상속인 중 한 사람이 임의로 분할원안을 만들어 돌아가며 승인하는 것은 무효이다.
> ㄴ. 공동상속인 중에 피상속인으로부터 재산의 증여 또는 유증 등의 특별수익을 받은 자가 있는 경우, 구체적인 상속분의 산정 시에 상속재산과 특별수익의 평가는 상속개시시를 기준으로 하지만, 대상분할의 방법에 의하는 경우에는 분할대상재산의 평가는 분할시를 기준으로 한다.
> ㄷ. 피상속인은 유언으로 상속재산의 분할방법을 정할 수는 있지만 생전행위에 의한 분할방법의 지정은 그 효력이 없고, 협의에 의한 상속재산의 분할에 있어서 공동상속인 중 일부의 동의가 없거나 의사표시에 대리권의 흠결이 있다면, 그 분할협의는 적법한 추인이 없는 한 무효이다.
> ㄹ. 혼인 외의 자의 인지 전에 공동상속인들에 의해 이미 분할되거나 처분된 상속재산은 이를 분할받은 공동상속인이나 공동상속인들의 처분행위에 의해 이를 양수한 자에게 그 소유권이 확정적으로 귀속되는 것이 아니므로, 그 후 그 상속재산으로부터 발생하는 과실은 상속개시 당시 존재하지 않았던 것이지만 상속재산의 가액산정 대상에 포함된다.
> ㅁ. 공동상속인은 다른 상속인이 분할로 인하여 취득한 재산에 대하여 그 상속분에 응하여 매도인과 같은 담보책임을 지는데, 그 재산이 정지조건 있는 채권인 경우에는 변제를 청구할 수 있는 때의 채무자의 자력을 담보한다.

① ㄱ, ㄴ, ㄹ   ② ㄱ, ㄹ   ③ ㄴ, ㄹ   ④ ㄴ, ㅁ
⑤ ㄴ, ㄷ, ㅁ   ⑥ ㄷ, ㄹ   ⑦ ㄷ, ㄹ, ㅁ   ⑧ ㄷ, ㅁ

해설

ㄱ. [誤] 상속재산협의분할의 방법을 묻는 지문이다. 공동상속인 전원이 참여하여야 하나, 구체적인 방법에는 제한이 없다.
[大判 2004. 10. 28, 2003다65438·65445] 상속재산의 협의분할은 공동상속인 간의 일종의 계약으로서 공동상속인 전원이 참여하여야 하고 일부 상속인만으로 한 협의분할은 무효라고 할 것이나, 반드시 한 자리에서 이루어질 필요는 없고 순차적으로 이루어질 수도 있으며, 상속인 중 한사람이 만든 분할 원안을 다른 상속인이 후에 돌아가며 승인하여도 무방하다.

민판2 p842 / 진모 28회 3번 ⓑ지문 / 가족법강의 p320 (2)협의의 절차

ㄴ. [正] 구체적 상속분 산정을 위한 상속재산 평가의 기준시기 및 상속재산분할을 위한

상속재산 평가의 기준시기를 묻는 지문이다. 전자는 상속개시시를 기준으로 하여야 하고, 후자는 분할 당시를 기준으로 하여야 한다는 것이 판례의 태도이다.

[大決 1997. 3. 21, 96스62] 공동상속인 중에 피상속인으로부터 재산의 증여 또는 유증 등의 특별수익을 받은 자가 있는 경우에는 이러한 특별수익을 고려하여 상속인별로 고유의 법정상속분을 수정하여 구체적인 상속분을 산정하게 되는데, 이러한 구체적 상속분을 산정함에 있어서는 상속개시시를 기준으로 상속재산과 특별수익재산을 평가하여 이를 기초로 하여야 할 것이고, 다만 법원이 실제로 상속재산분할을 함에 있어 분할의 대상이 된 상속재산 중 특정의 재산을 1인 및 수인의 상속인의 소유로 하고 그의 상속분과 그 특정의 재산의 가액과의 차액을 현금으로 정산할 것을 명하는 방법(소위 대상분할의 방법)을 취하는 경우에는, 분할의 대상이 되는 재산을 그 분할시를 기준으로 하여 재평가하여 그 평가액에 의하여 정산을 하여야 한다.

> 조지사2 p900 문제 20번 / 민판2 p837 /
> 진모 28회 4번 ⓒ지문 / 가족법강의 p304 1)특별수익의 평가시점

ㄷ. [正] 지정에 의한 상속재산분할과 협의에 의한 상속재산분할의 방법을 묻는 지문이다. 지정에 의한 분할은 유언으로 하여야 하며, 생전행위로 한 지정은 효력이 없다. 한편 협의에 의한 분할의 경우에는 공동상속인 전원의 참여가 있어야 하며, 일부의 동의가 없거나 대리권의 흠결이 있는 때에는 분할협의는 원칙적으로 무효이다.

[大判 2001. 6. 29, 2001다28299] 피상속인은 유언으로 상속재산의 분할방법을 정할 수는 있지만, 생전행위에 의한 분할방법의 지정은 그 효력이 없어 상속인들이 피상속인의 의사에 구속되지는 않는다.

[大判 2001. 6. 29, 2001다28299] [1] 협의에 의한 상속재산의 분할은 공동상속인 전원의 동의가 있어야 유효하고 공동상속인 중 일부의 동의가 없거나 그 의사표시에 대리권의 흠결이 있다면 분할은 무효이다. [2] 상속재산에 대하여 그 소유의 범위를 정하는 내용의 공동상속재산 분할협의는 그 행위의 객관적 성질상 상속인 상호간의 이해의 대립이 생길 우려가 있는 민법 제921조 소정의 이해상반되는 행위에 해당하므로 공동상속인인 친권자와 미성년인 수인의 자 사이에 상속재산 분할협의를 하게 되는 경우에는 미성년자 각자마다 특별대리인을 선임하여 그 각 특별대리인이 각 미성년자인 자를 대리하여 상속재산분할의 협의를 하여야 하고, 만약 친권자가 수인의 미성년자의 법정대리인으로서 상속재산 분할협의를 한 것이라면 이는 민법 제921조에 위반된 것으로서 이러한 대리행위에 의하여 성립된 상속재산 분할협의는 적법한 추인이 없는 한 무효라고 할 것이다.

> 조지사2 p910 문제 11번 / 민판2 p841 /
> 진모 28회 4번 ㉠지문 / 가족법강의 p318 (1)지정의 방법

ㄹ. [誤] 인지 전에 공동상속인들이 행한 상속재산 처분행위의 효력 및 처분행위 후 그 상속재산으로부터 발생하는 과실이, 피인지자의 상속분 상당의 가액청구 당시 가액 산정의 기초로 고려되어야 하는지를 묻는 지문이다. 인지에 의하여 피인지자가 다른

상속인들과 공동상속인으로 되는 경우, 다른 공동상속인들이 이미 분할 기타 처분을 한 경우, 민법은 피인지자는 다른 공동상속인들에 대하여 상속분에 상당한 가액의 지급을 청구할 권리가 있다고 규정하고 있다(제1014조). 이는 다른 공동상속인들의 분할 기타 처분이 유효하다는 것을 전제로 한다. 만약 공동상속인인 피인지자를 배제하고 행하여진 상속재산의 분할 기타 처분이 무효라면 피인지자는 재분할을 요구하던지 아니면 상속재산의 반환을 청구할 수 있다고 해야 하기 때문이다. 분할 기타 처분이 유효하므로 상속재산을 양수한 자는 확정적으로 소유권을 취득하며, 그 후 상속재산으로부터 발생하는 과실은 양수인에게 귀속되는 것으로 상속분 상당의 가액 산정에 고려되는 것이라고 할 수 없다.

[大判 2007. 7. 26, 2006므2757·2764] 인지 전에 공동상속인들에 의해 이미 분할되거나 처분된 상속재산은 이를 분할받은 공동상속인이나 공동상속인들의 처분행위에 의해 이를 양수한 자에게 그 소유권이 확정적으로 귀속되는 것이며, 그 후 그 상속재산으로부터 발생하는 과실은 상속개시 당시 존재하지 않았던 것이어서 이를 상속재산에 해당한다 할 수 없고, 상속재산의 소유권을 취득한 자(분할받은 공동상속인 또는 공동상속인들로부터 양수한 자)가 민법 제102조에 따라 그 과실을 수취할 권능도 보유한다고 할 것이며, 민법 제1014조도 '이미 분할 내지 처분된 상속재산' 중 피인지자의 상속분에 상당한 가액의 지급청구권만을 규정하고 있을 뿐 '이미 분할 내지 처분된 상속재산으로부터 발생한 과실'에 대해서는 별도의 규정을 두지 않고 있으므로, 결국 민법 제1014조에 의한 상속분상당가액지급청구에 있어 상속재산으로부터 발생한 과실은 그 가액 산정 대상에 포함된다고 할 수 없다.

조지사2 p909 문제 6번 / 민판2 p845 / 가족법강의 p327 (3)청구의 성질 및 내용

ㅁ. [正] 상속재산분할에 따른 공동상속인들 상호간의 담보책임을 묻는 지문이다. 민법 제1016조 내지 제1018조에서는 상속재산분할에 따른 공동상속인들 상호간의 담보책임을 규정하고 있다. 본 지문은 그 조문내용을 묻는 지문이다. 공동상속인은 다른 공동상속인이 분할로 인하여 취득한 재산에 대하여 그 상속분에 응하여 매도인과 같은 담보책임이 있다(제1016조). 분할대상인 재산이 채권인 경우, 상속채무자의 자력에 관해서는 공동상속인의 담보책임이 인정되는데, 채무자의 자력은 변동하기 마련이므로 어느 시점에서의 자력을 담보할 것인가가 문제된다. 이에 관하여 민법은 원칙적으로 분할당시의 자력을 담보한다고 규정하고 있다(제1017조 제1항). 다만 변제기에 달하지 아니한 채권이나 정지조건 있는 채권에 대해서는 변제를 청구할 수 있는 때의 채무자의 자력을 담보한다고 규정하고 있다(제1017조 제2항).

조지사2 p866 문제 28번 / 진모 28회 1번 ㉠지문 유사, 28회 1번 ㉢지문 참조
/ 가족법강의 p328 (다)공동상속인들의 담보책임

정답 ⑤

17. 배점 3 물권적 청구권에 관한 설명 중 옳은 것을 모두 고른 것은? (다툼 있으면 판례에 의함)

ㄱ. 물권적 청구권은 물권의 완전한 실현을 확보하기 위한 것으로서, 담보물권인 저당권에도 방해배제청구권이 인정된다.
ㄴ. 점유권에 기한 점유물 반환청구권은 그 행사기간에 제한이 있으나, 소유권에 기한 소유물 반환청구권은 그 행사기간에 제한이 없다.
ㄷ. 민법은 질권에 관하여 물권적 청구권에 관한 명문의 규정을 두고 있지 않은바, 질권자가 질물을 잃어버리거나 타인의 사기에 의하여 질물을 타인에게 인도하여 준 경우, 질권자는 현재 질물을 점유하는 자에게 1년 내에 점유권에 기한 점유보호청구권을 행사하여 질물의 반환을 청구할 수 있다.
ㄹ. 직접점유자가 점유를 침탈당한 경우, 간접점유자는 그 물건을 직접점유자에게 반환하도록 청구할 수 있으나, 직접점유자가 그 물건의 반환을 받을 수 없거나 이를 원하지 아니하는 때에는 간접점유자 자신에게 반환하도록 청구할 수 없다.
ㅁ. 점유를 침탈당한 경우, 그 목적물을 선의의 제3자가 침탈자로부터 특별승계한 때에는 점유자는 그 특별승계인에게 점유권에 기하여 점유물 반환청구권을 행사할 수 없다.

① ㄱ, ㄴ, ㄷ, ㄹ
② ㄱ, ㄹ, ㅁ
③ ㄷ, ㄹ, ㅁ
④ ㄱ, ㄴ
⑤ ㄱ, ㄴ, ㅁ
⑥ ㄱ, ㄴ, ㄹ
⑦ ㄴ, ㄹ, ㅁ
⑧ ㄴ, ㄷ, ㄹ, ㅁ

해설

ㄱ. [正] 저당권에 기초한 방해배제청구권이 인정되는지 여부를 묻는 지문이다. 저당권도 물권이고, 물권적 청구권은 물권의 본질적 속성으로 인정된다. 다만, 반환청구권은 인정되지 아니하며 방해배제·예방청구권만이 인정될 뿐이다(제370조, 제214조).

조지사1 p502 문제 25번 / 진모 8회 7번 ㄴ지문

ㄴ. [正] 물권적 청구권의 행사기간을 묻는 지문이다. 소유권에 기초한 물권적 청구권은 그 행사기간을 법으로 정하고 있지 않다(제213조, 제214조). 소멸시효의 대상이 될 수 있는지는 논란이 될 수 있으나, 대법원은 소멸시효의 대상이 되지도 않는다는 입장이다. 결국 소유권에 기초한 물권적 청구권은 행사기간의 제한을 받지 않는다. 반면 점유권에 기초한 물권적 청구권은 행사기간을 법으로 제한하고 있다(제204 내지 제206조).

조지사1 p426 문제 6번 / 진모 7회 5번 ㄹ지문

ㄷ. [誤] 질물의 점유를 상실한 질권자의 점유물반환청구의 요건을 묻는 지문이다. 점유를 침탈당한 점유자가 점유물반환청구를 할 수 있다. 점유침탈에 해당하기 위해서는 의사에 반하는 점유상실이 있어야 한다. 사기에 의하여 점유를 상실한 경우에는 점유침탈에 해당하지 않는다. 하자 있는 의사이기는 하지만, 점유자의 의사에 의하여 점유가 이전된 것이기 때문이다.
[大判 1992. 2. 28, 91다17443] 사기의 의사표시에 의해 건물을 명도해 준 것이라면 건물의 점유를 침탈당한 것이 아니므로 피해자는 점유회수의 소권을 가진다고 할 수 없다.

조지사1 p628 문제53 / 민판1 p511

ㄹ. [誤] 간접점유자의 점유물반환청구의 방법을 묻는 지문이다. 간접점유자도 점유보호청구권을 행사할 수 있다(제207조 제1항). 점유자가 점유의 침탈을 당한 경우에 간접점유자는 그 물건을 점유자에게 반환할 것을 청구할 수 있고, 점유자가 그 물건의 반환을 받을 수 없거나 이를 원하지 아니하는 때에는 자기에게 반환할 것을 청구할 수 있다(제207조 제2항).

조지사1 p611 문제 25번 / 진모 9회 39번 ㉠지문

ㅁ. [正] 점유침탈자로부터 선의로 점유를 승계한 제3자에 대하여 점유물반환을 청구할 수 있는지 여부를 묻는 지문이다. 점유물반환청구권은 침탈자의 특별승계인에 대하여는 행사하지 못한다. 그러나 승계인이 악의인 때에는 그러하지 아니하다(제204조 제2항).

조지사1 p611 문제 20번

정답 ⑤

18. 배점 2 甲은 A 토지를 소유하고 있다. 그런데 乙이 A 토지에 연접해 있는 자기 소유의 B 토지에 건물을 지으면서 B 토지를 굴착하는 작업을 하고 있다. 또한 乙은 공터인 A 토지에 건축자재를 쌓아 놓았다. 위 사례에서 발생하는 법률관계를 설명한 것 중 옳지 않은 것은? (다툼 있으면 판례에 의함)

① 甲이 A 토지를 丙에게 매도하고 소유권이전등기를 마쳐주었으나 아직 인도하지 않은 경우라도 甲은 乙에게 소유권에 기한 방해배제청구권을 행사할 수 없다.
② 乙이 충분한 예방공사를 하지 아니한 채 B 토지를 굴착함으로써 A 토지가 침하한 경우, B 토지의 굴착공사가 종료하고 더 이상의 침하 가능성이 없는 때에는 토지의 침하를 이유로 甲은 乙에게 방해예방청구권을 행사할 수 없다.
③ 乙이 무단으로 건축자재를 쌓아 놓았다면 甲은 A 토지 위에 쌓아둔 자재를 제거할

것을 청구할 수 있음은 물론 손해배상도 청구할 수 있다.
④ 乙은 인지사용청구권에 기하여 A 토지에 건축자재를 쌓아 놓을 수 있도록 해달라고 甲에게 청구할 수 있으나, 甲은 乙에게 그로 인한 손해보상을 청구할 수 없다.
⑤ 다른 관습이 없으면, 乙이 A 토지와 B 토지의 경계에 담을 설치하고자 하는 경우, 甲과 공동비용으로 통상의 담을 설치할 수 있으나 그 측량비용은 토지의 면적에 비례하여 부담한다.

해설

※ 인접한 토지의 이용과 관련하여 발생할 수 있는 법적 분쟁상황에 대한 사례문제이다. 본 사례에서의 주된 쟁점은 소유권에 기초한 물권적 청구권과 그에 관한 특별규정으로서 상린관계 등이다.

① [正] 소유권을 상실한 전 소유자가 소유권에 기초한 방해배제청구권을 행사할 수 있는지 여부를 묻는 지문이다. 소유권에 기초한 방해배제청구권은 소유권으로부터 파생된 권리로서 현재의 소유자가 행사할 수 있는 권리이다. 따라서 소유권을 상실한 전 소유자는 소유권에 기초한 방해배제청구권을 행사할 수 없다.
[大判 1980. 9. 9. 80다7] 소유권에 의하여 발생되는 물상청구권을 소유권과 분리하여 이를 소유권 없는 전 소유자에게 유보하여 행사시킬 수는 없는 것이므로 <u>소유권을 상실한 전 소유자는 제3자인 불법점유자에 대하여 소유권에 기한 물권적 청구권에 의한 방해배제를 구할 수 없다.</u>

민판1 p581 / 진모 10회 31번 ⓒ지문 변형

② [正] 소유권에 기초한 방해예방청구권의 요건을 묻는 지문이다. 방해의 염려가 있어야 방해예방청구권을 행사할 수 있다. 방해의 염려란 방해가 현존하지 않지만, 장래 발생할 개연성이 있음을 의미한다. 이미 방해가 종료되었을 뿐만 아니라 더 이상의 방해가능성이 없는 때에는 방해예방을 청구할 수 없다.
[大判 1995. 7. 14. 94다50533] 소유물방해예방청구권은 방해의 발생을 기다리지 않고 현재 예방수단을 취할 것을 인정하는 것이므로, 그 방해의 염려가 있다고 하기 위하여는 방해예방의 소에 의하여 미리 보호받을 만한 가치가 있는 것으로서 객관적으로 근거 있는 상당한 개연성을 가져야 할 것이고 관념적인 가능성만으로는 이를 인정할 수 없다.
[大判 2003. 3. 28. 2003다5917] 소유권에 기한 방해배제청구권에 있어서 "방해"라 함은 <u>현재에도 지속되고 있는 침해</u>를 의미하고, 법익 침해가 과거에 일어나서 이미 종결된 경우에 해당하는 "손해"의 개념과는 다르다 할 것이어서, <u>소유권에 기한 방해배제청구권은 방해결과의 제거를 내용으로 하는 것이 되어서는 아니되며</u>(이는 손해배상의 영역에 해당한다 할 것이다) <u>현재 계속되고 있는 방해원인을 제거하는 것을 내용으로 한다</u>(필자 註 : 쓰레기 매립으로 조성한 토지에 소유자가 매립에 동의하지 않은 쓰레기가 매립되어 있다 하더라도 이는 과거의 위법한 매립공사로 인하여 생긴 결과로서 소유권자가

입은 손해에 해당한다 할 것일 뿐, 그 쓰레기가 현재 소유권에 대하여 별도의 침해를 지속하고 있다고 볼 수 없다는 이유로 소유권에 기한 방해배제청구권을 행사할 수 없다고 한 사례).

> 조지사1 p698 문제 1번 / 민판1 p585 / 진모 10회 31번 ㉠지문 변형

③ [正] 소유권을 침해하는 행위에 대한 소유자의 구제수단이 무엇인지를 묻는 지문이다. 甲의 토지 위에 乙이 무단으로 건축자재를 쌓아두었다면 이는 乙의 이와 같은 행위가 소유권을 침해하는 행위로서 다른 특별한 사정이 없는 한 위법하다. 소유자 甲은 현존하는 방해를 배제하기 위하여 건축자재를 제거할 것을 청구할 수 있고(제214조), 甲에게 乙의 소유권 침해행위로 인한 손해가 발생하였다면 불법행위를 원인으로 손해배상을 청구할 수도 있다(제750조).

> 조지사1 p632 문제 1번 참조

④ [誤] 인지사용청구권의 요건과 효과를 묻는 지문이다. 인지사용청구권이란 토지소유자가 토지의 경계나 그 근방에서 담 또는 건물을 축조하거나 수선하기 위하여 필요한 범위에서 이웃 토지의 사용을 청구하는 권리를 말한다(제216조 제1항). 乙이 甲의 토지와의 경계에서 건물을 축조하기 위하여 필요한 범위에서 건축자재를 쌓아놓을 수 있도록 해달라는 청구는 인지사용청구의 한 내용이 될 수 있다. 한편 인지사용청구권을 행사하였을 경우, 이웃 토지소유자가 손해를 받을 수도 있는데, 이와 같은 손해에 대해서는 인지사용청구권을 행사한 토지소유자에게 그 보상을 청구할 수 있다(제216조 제2항).

> 조지사1 p632 문제 3번 변형

⑤ [正] 담 설치에 따른 비용부담을 묻는 지문이다. 인접하여 토지를 소유한 자는 공동비용으로 통상의 경계표나 담을 설치할 수 있다(제237조 제1항). 설치비용은 쌍방이 절반하여 부담하나, 측량비용은 토지의 면적에 비례하여 부담한다(제237조 제2항).

> 조지사1 p661 문제 2번

> 정답 ④

19. 배점 2 손해배상액의 예정(민법 제398조)에 관한 설명으로 옳지 않은 것은? (다툼 있으면 판례에 의함)

① 손해배상의 예정액이 부당히 과다한 경우에는 법원이 이를 적당히 감액할 수 있는데, 그 손해배상의 예정액이 부당하게 과다한지의 여부 내지 그에 대한 적당한 감액의 범위를 판단하는 데 있어서는, 사실심의 변론종결 당시를 기준으로 그때까지 발생한 사정들을 종합적으로 고려하여야 한다.

② 매매당사자가 계약금으로 수수한 금액에 관하여 매수인이 위약하면 이에 관한 권리를 잃는 것으로 하고 매도인이 위약하면 그 배액을 상환하기로 약정을 한 경우, 그 약정은 손해배상액의 예정으로 추정된다.
③ 위약벌의 약정은 채무의 이행을 확보하기 위하여 정해지는 것으로서 손해배상액의 예정과는 그 내용이 다르므로, 손해배상액의 예정에 관한 민법 제398조 제2항을 유추적용하여 그 액을 감액할 수는 없다.
④ 손해배상액을 예정하는 내용의 약정이 있는 경우, 그것은 계약상의 채무불이행으로 인한 손해액뿐 아니라 계약과 관련된 불법행위로 인한 손해액까지 예정한 것으로 보아야 한다.
⑤ 지체상금이 손해배상액의 예정으로 인정되어 이를 감액함에 있어서는 채무자가 계약을 위반한 경위 등 제반 사정이 참작되므로, 손해배상액의 감경에 앞서 채권자의 과실 등을 들어 따로 과실상계를 적용하여 감경할 필요는 없다.

해설

① [正] 손해배상예정액이 부당히 과다한지 여부를 판단하는 기준시기를 묻는 지문이다. 대법원은 부당하게 과다한지 여부가 문제되는 소송에서의 사실심 변론종결 당시를 기준으로 판단하여야 한다고 본다.
[大判 2000. 7. 28, 99다38637] <u>손해배상의 예정액이 부당하게 과다한지 및 그에 대한 적당한 감액의 범위를 판단하는 데 있어서는</u> 법원이 구체적으로 그 판단을 하는 때 즉, <u>사실심의 변론종결 당시를 기준으로</u> 하여 그 사이에 발생한 위와 같은 모든 사정을 종합적으로 고려하여야 할 것이며, 여기의 '손해배상의 예정액'이라 함은 문언상 배상비율 자체를 말하는 것이 아니라 그 비율에 따라 계산한 예정배상액의 총액을 의미한다고 해석하여야 한다(필자 註 : 공사도급계약을 체결하기로 하면서 예정 도급인이 이를 어길 경우 예정공사금액의 10% 상당액을 위약금으로 지급하고, 다시 이 위약금 지급의무를 어길 경우 연 18% 상당의 지연손해금을 가산하여 지급하기로 위약금 약정을 한 경우, 위 위약금과 위 지연손해금을 합한 전체 금액을 고려하여 손해배상의 예정액이 부당히 과다한지를 판단하여야 할 것임에도 불구하고 위 위약금부분은 과다하지 않고 위 지연손해금 부분은 과다하다는 이유로 그 지연손해금비율을 감축한 원심의 조치를 부적절하나 예정배상액의 총액이 전체로서 너무 과다하다고 보고 그 감액의 방법으로 지연손해금 비율만을 조정함으로써 전체로서의 예정배상액을 적정 수준으로 감액한 취지로 볼 수 있다는 이유로 수긍한 사례).

조지사2 p16 문제 11번 / 민판2 p177 / 진모 16회 35번 ⑥지문

② [正] 위약금이 손해배상액의 예정으로 추정되는지 여부를 묻는 지문이다. 위약금의 약정은 손해배상액의 예정으로 추정한다(제398조 제4항).

조지사2 p105 문제 14번 / 진모 16회 38번 ⓓ지문

③ [正] 위약벌이 부당히 과다한 경우, 손해배상액의 예정에 관한 직권감액 규정을 유추하여 직권으로 감액할 수 있는지 여부를 묻는 지문이다. 위약벌의 약정은 손해배상액의 예정과 그 목적이 다를 뿐만 아니라 손해배상예정액에 관한 직권감액을 규정하고 있는 제398조 제2항은 사적자치를 제한하는 규정으로 유추의 기초로 삼기에는 부적당하다. 따라서 유추를 부정하여야 한다. 대법원도 유추를 부정하고 있다.
[大判 2005. 10. 13, 2005다26277] 위약벌의 약정은 채무의 이행을 확보하기 위하여 정해지는 것으로서 손해배상의 예정과는 그 내용이 다르므로 손해배상의 예정에 관한 민법 제398조 제2항을 유추 적용하여 그 액을 감액할 수는 없는 법리이고 다만 그 의무의 강제에 의하여 얻어지는 채권자의 이익에 비하여 약정된 벌이 과도하게 무거울 때에는 그 일부 또는 전부가 공서양속에 반하여 무효로 된다.

조지사2 p179 문제 141번 / 민판2 p181 / 진모 16회 39번 ⓛ지문

④ [誤] 손해배상액의 예정이 계약과 관련된 불법행위로 인한 손해액까지 예정한 것으로 해석하여야 하는지 여부를 묻는 지문이다. 손해배상액의 예정계약은 채권계약관계를 발생시키는 계약에 종된 계약이며, 계약상 채무불이행을 정지조건으로 하는 계약이다. 따라서 특별한 사정이 없는 한 계약상 채무불이행으로 인한 손해액에 관해서만 그 효력이 미치며, 계약과 관련된 불법행위로 인한 손해액까지 예정한 것으로 해석할 수는 없다.
[大判 1965. 3. 23, 65다34] 손해배상액의 예정이 있었다고 할지라도 그것은 계약상의 의무불이행으로 인한 손해액에 관한 것이었을 뿐 이를 그 계약에 관련된 불법행위상의 손해까지 예정한 것이라고 볼 수 없다.

민판2 p641

⑤ [正] 예정배상액을 청구하는 경우, 과실상계가 적용되는지 여부를 묻는 지문이다. 대법원은 과실상계가 적용되지 않는다고 본다. 이미 예정배상액에 관한 직권감액제도에 의하여 채권자의 사정이 고려되었기 때문이다.
[大判 2002. 1. 25, 99다57126] 지체상금이 손해배상의 예정으로 인정되어 이를 감액함에 있어서는 채무자가 계약을 위반한 경위 등 제반사정이 참작되므로 <u>손해배상액의 감경에 앞서 채권자의 과실 등을 들어 따로 감경할 필요는 없다.</u>

조지사2 p168 문제 106번 / 민판2 p164 / 진모 16회 27번 ⑤지문

정답 ④

20. 배점 2 지명채권양도에 관한 설명 중 옳은 것을 모두 고른 것은? (다툼 있으면 판례에 의함)

> ㄱ. 채권양도의 통지를 주채무자에게만 하고 보증인에게는 하지 않은 경우, 보증인에게는 대항할 수 없다.
> ㄴ. 채권양도계약이 해제되고 양도인이 채무자에게 양도철회통지를 한 경우, 채무자는 이로써 양수인에게 대항할 수 있다.
> ㄷ. 양도인이 여러 명의 양수인에게 각각 채권 전액을 양도하고 확정일자의 통지를 하여 그 각 통지가 모두 동시에 도달하였다면, 각 양수인은 채권 전액에 대하여 채무자에게 이행청구를 할 수 있다.
> ㄹ. 甲이 乙에 대한 매매대금채권을 丙에게 양도하고 이를 乙에게 통지하였는데, 그 후 乙이 丙에게 이행하였지만 甲이 乙에 대한 채무를 이행하지 않아 乙이 甲과의 매매계약을 해제한 경우, 乙은 채권양도의 통지 이후에 계약을 해제하였으므로, 이로써 丙에게 대항할 수 없다.
> ㅁ. 채권자 甲과 채무자 乙이 채권양도금지의 특약을 하였는데 甲이 이러한 특약을 알지 못하는 丙에게 양도하였다면, 설령 丙에게 알지 못한 데에 과실이 있다고 하더라도 중과실이 아닌 한 乙은 丙에게 양도금지의 특약이 있음을 주장하지 못한다.

① ㄱ, ㄷ   ② ㄱ, ㄴ, ㄹ   ③ ㄱ, ㄴ, ㅁ   ④ ㄴ, ㄹ
⑤ ㄴ, ㅁ   ⑥ ㄱ, ㄷ, ㄹ   ⑦ ㄷ, ㅁ   ⑧ ㄷ, ㄹ

해설

ㄱ. [誤] 채권양도로 보증인에게 대항하기 위해서 보증인에 대한 채권양도 통지가 필요한지 여부를 묻는 지문이다. 주채권이 양도됨에 따라 보증채권은 당연히 주채권 양도에 수반하여 양도된다. 주채무자에 대하여 양도통지를 하여 대항요건을 구비하였다면 별도로 보증인에게 양도통지를 할 필요가 없다는 것이 대법원의 입장이다.
[大判 2002. 9. 10. 2002다21509] 보증채무는 주채무에 대한 부종성 또는 수반성이 있어서 <u>주채무자에 대한 채권이 이전되면 당사자 사이에 별도의 특약이 없는 한 보증인에 대한 채권도 함께 이전하고, 이 경우 채권양도의 대항요건도 주채권의 이전에 관하여 구비하면 족하고</u>, 별도로 보증채권에 관하여 대항요건을 갖출 필요는 없다.

조지사2 p281 문제 6번 / 민판2 p260 / 진모 18회 17번 ㄱ지문

ㄴ. [誤] 양도철회통지권자가 누구인지를 묻는 지문이다. 채권양도통지권자는 양도인이지만, 양도계약이 해제된 후 양도철회통지는 양수인에 의하여 행하여져야 한다. 따라서 양도인에 의한 양도철회통지는 효력이 없다.

[大判 1978. 6. 13. 78다468] 민법 제452조 제2항에 채권양도의 통지는 양수인의 동의가 없으면 철회하지 못한다고 규정되어 있으므로 채권양도인과 양수인과의 채권양도계약이 해제되었고 채권양도인이 채무자에게 양도철회통지를 하였다고 하더라도 채무자는 이것을 채권양수인에게 대항할 수는 없다.

조지사2 p305 문제 6번 / 민판2 p297

ㄷ. [正] 채권이 2중으로 양도되었고, 확정일자 있는 서면에 의한 통지가 동시에 도달된 경우, 각 양수인들의 지위를 묻는 지문이다. 각 양수인들은 채무자에 대한 관계에서 완전한 대항력을 갖춘 것으로 양수채권 전액에 관하여 채권을 행사할 수 있다는 것이 대법원의 입장이다(전액청구설).
[大判(全)1994. 4. 26. 93다24223] 채권양도 통지, 가압류 또는 압류명령 등이 제3채무자에 동시에 송달되어 그들 상호간에 우열이 없는 경우에도 그 채권양수인, 가압류 또는 압류채권자는 모두 제3채무자에 대하여 완전한 대항력을 갖추었다고 할 것이므로, 그 전액에 대하여 채권양수금, 압류전부금 또는 추심금의 이행청구를 하고 적법하게 이를 변제받을 수 있고, 제3채무자로서는 이들 중 누구에게라도 그 채무 전액을 변제하면 다른 채권자에 대한 관계에서도 유효하게 면책되는 것이며, 만약 양수채권액과 가압류 또는 압류된 채권액의 합계액이 제3채무자에 대한 채권액을 초과할 때에는 그들 상호간에는 법률상의 지위가 대등하므로 공평의 원칙상 각 채권액에 안분하여 이를 내부적으로 다시 정산할 의무가 있다.

조지사2 p318 문제 39번 / 민판2 p303 / 진모 18회 33번 ③지문

ㄹ. [誤] 본 지문이 직접적으로 묻는 바는 매매대금채권양도통지 후 매매계약이 해제된 경우, 채무자인 매수인이 매매대금채권양수인에게 매매계약이 해제되었음을 주장할 수 있는지 여부이다. 이는 대항요건을 갖춘 매매대금채권양수인이 매매계약 해제로부터 보호되는 제548조 제1항 단서의 제3자에 해당하는지를 묻는 것이다. 계약상 채권 자체에 이해관계를 맺은 제3자는 해제로부터 보호되는 제3자에 해당하지 않는다는 것이 대법원의 입장이다. 채권양수인 등 채권 자체에 관하여 이해관계를 맺는 자는 유효하게 성립한 채권관계가 유지·존속됨을 전제로 채권에 관하여 이해관계를 맺은 것이다. 따라서 채권관계가 채무불이행을 이유로 해제되었을 때에는 채권양수인 등 채권 자체에 이해관계를 맺은 자는 대항요건을 갖추었는지 여부와는 무관하게 보호되지 못하는 것이다.
[大判 2003. 1. 24. 2000다22850] 민법 제548조 제1항 단서에서 규정하고 있는 제3자란 일반적으로 계약이 해제되는 경우 그 해제된 계약으로부터 생긴 법률효과를 기초로 하여 해제 전에 새로운 이해관계를 가졌을 뿐 아니라 등기·인도 등으로 완전한 권리를 취득한 자를 말하고, 계약상의 채권을 양수한 자는 여기서 말하는 제3자에 해당하지 않는다고 할 것인 바, 계약이 해제된 경우 계약해제 이전에 해제로 인하여 소멸되는 채권을 양수한 자는 계약해제의 효과에 반하여 자신의 권리를 주장할 수 없음은 물론이고, 나아가 특단의 사정이 없는 한 채무자로부터 이행받은 급부를

원상회복하여야 할 의무가 있다.

> 조지사2 p624 문제 22번 / 민판2 p414 / 진모 23회 12번 ⓒ지문

ㅁ. [正] 양도금지특약으로 대항하지 못하는 선의의 제3자에 해당하기 위해서는 과실이 없어야 하는지 여부를 묻는 지문이다. 중대한 과실이 아니라면 과실 여부는 선의의 제3자를 판단함에 있어 고려되지 않는다.
[大判 1996. 6. 28. 96다18281] 민법 제449조 제2항이 채권양도 금지의 특약은 선의의 제3자에게 대항할 수 없다고만 규정하고 있어서 그 문언상 제3자의 과실의 유무를 문제삼고 있지는 아니하지만, <u>제3자의 중대한 과실은 악의와 같이 취급되어야 하므로, 양도금지 특약의 존재를 알지 못하고 채권을 양수한 경우에 있어서 그 알지 못함에 중대한 과실이 있는 때에는 악의의 양수인과 같이 양도에 의한 채권을 취득할 수 없다고 해석하는 것이 상당하다.</u>

> 조지사2 p308 문제 4번 / 민판2 p291 / 진모 5회 38번 ㉠지문

정답 ⑦

21. 배점 2 의사표시에 관한 설명 중 옳은 것은? (다툼 있으면 판례에 의함)

① 甲은, 은행으로부터 대출을 받을 수 없는 신용불량자 乙을 위하여 자신의 명의를 빌려주고, 그 경위를 모르는 丙은행으로부터 1,000만 원을 대출 받게 해주었다. 변제기에 이르자 丙이 甲에게 반환청구를 한 경우, 甲은 乙이 실질적인 채무자라고 주장하면서 丙의 청구를 거절할 수 있다.
② 甲이 채권자 乙의 강제집행을 피할 목적으로, 자신의 부동산에 대해 丙과 허위로 매매계약을 체결하고 丙 앞으로 소유권이전등기를 넘겨주었다. 그 후 丙이 이러한 사정을 모르는 丁에게 그 부동산을 매도하고 丁 명의로 소유권이전등기를 마쳤다. 이 경우 甲은 丙에게 부당이득반환청구를 할 수 없다.
③ 동기의 착오가 법률행위의 내용의 중요 부분의 착오에 해당함을 이유로 표의자가 법률행위를 취소하려면 당사자들 사이에 별도로 그 동기를 의사표시의 내용으로 삼기로 하는 합의까지 이루어져야 한다.
④ 영업양도계약이 양수인의 사기를 원인으로 취소되는 경우에 양수인의 기망이 불법행위를 구성하는 때에는 양도인은 취소의 효과로 생기는 부당이득반환청구권과 불법행위로 인한 손해배상청구권 중 선택하여 행사할 수 있다.
⑤ 은행의 출장소장이 고객으로부터 어음할인을 부탁받자, 그 어음이 부도날 경우를 대비하여 담보 목적으로 받아두는 것이라고 속이고 고객의 명의로 금전대출약정을 체결한 후 그 대출금을 자신이 인출하여 사용한 경우, 고객은 은행이 그 사기사실을 알았거나 알 수 있었을 경우에 한하여 사기를 이유로 그 대출약정을 취소할 수 있다.

해설

① [誤] 대출을 받을 수 없는 자를 위하여 채무자 명의를 대여하여 대출계약을 체결한 경우 대출계약의 효력, 즉 명의대여자의 대출신청의사의 효력을 묻는 지문이다. 특별한 사정이 없는 한 명의대여자의 대출신청의사는 대출에 따른 경제적 효과는 실질적 채무자가 향유하더라도 채무자로서 법적 책임을 부담하겠다는 의사는 포함된 것으로 보아야 한다. 따라서 진의와 표시가 일치하는 의사표시로서 대출계약의 효력이 부정된다고 할 수는 없다.

[大判 1996. 9. 10, 96다18182] 법률상 또는 사실상의 장애로 자기 명의로 대출받을 수 없는 자를 위하여 <u>대출금채무자로서의 명의를 빌려준 자에게 그와 같은 채무부담의 의사가 없는 것이라고는 할 수 없으므로</u> 그 의사표시를 비진의표시에 해당한다고 볼 수 없고, 설령 명의대여자의 의사표시가 비진의표시에 해당한다고 하더라도 그 의사표시의 상대방인 상호신용금고로서는 명의대여자가 전혀 채무를 부담할 의사 없이 진의에 반한 의사표시를 하였다는 것까지 알았다거나 알 수 있었다고 볼 수도 없다고 보아, 그 명의대여자는 표시행위에 나타난 대로 대출금채무를 부담한다.

조지사1 p244 문제 4번 / 민판1 p184 / 진모 4회 4번 ⓒ지문 변형

② [誤] 허위표시에 기초하여 선의의 제3자가 이해관계를 맺은 경우, 허위표시 당사자 사이에서 허위표시의 효력이 어떠한지를 묻는 지문이다. 본 지문이 직접적으로 묻고자 하는 바는 甲이 丙에게 부당이득반환청구를 할 수 있는지 여부이다. 甲이 丙에게 부당이득반환청구를 하기 위해서는 丙이 丁에게 처분한 부동산이 甲의 부동산으로 평가되어야 하고, 甲과 丙 사이의 매매계약이 무효로 되어야 한다. 甲과 丙 사이의 매매계약은 허위로 체결된 것이나, 그 매매계약에 기초하여 丁이 다시 매매계약을 체결하고 등기명의를 이전받아 새로운 이해관계를 맺었다. 결국, 본 지문이 묻고자 하는 쟁점은 허위표시(가장행위)의 효력이다. 특히 선의의 제3자가 새로운 이해관계를 맺고 난 후에도 가장행위의 당사자 사이에서는 허위표시가 여전히 무효인가를 묻는 것이다. 상대방과 통정한 허위의 의사표시는 무효로 한다(제108조 제1항). 그러나 허위표시의 무효는 선의의 제3자에게 대항하지 못한다(제108조 제2항). 선의의 제3자에 대해서는 무효를 주장하지 못하므로 허위표시를 유효한 것으로 취급하여야 하나, 선의의 제3자가 아닌 자에 대한 관계에서는 여전히 허위표시를 무효로 보아야 한다. 가장매매의 당사자인 甲과 丙 사이에서는 위 매매는 무효이며, 부동산은 여전히 甲의 소유라고 보아야 한다. 따라서 丙의 처분행위로 인하여 甲이 그 소유권을 상실하게 되면 그에 따른 丙의 이득은 부당이득이 된다고 보아야 하고, 甲은 丙에게 처분행위로 인한 이익을 반환하라고 청구할 수 있다.

조지사2 p260 문제 15번 문제 16번 참조

③ [誤] 동기의 착오를 이유로 의사표시를 취소하기 위한 요건을 묻는 지문이다. 대법원은 동기가 표시되어 의사표시의 해석상 법률행위의 내용으로 되었다고 인정되면 충분

하고, 나아가 동기를 법률행위의 내용으로 삼기로 하는 합의까지 필요한 것은 아니라고 보고 있다.
[大判 1998. 2. 10, 97다44737] 동기의 착오가 법률행위의 내용의 중요부분의 착오에 해당함을 이유로 표의자가 법률행위를 취소하려면 그 <u>동기를 당해 의사표시의 내용으로 삼을 것을 상대방에게 표시하고 의사표시의 해석상 법률행위의 내용으로 되어 있다고 인정되면 충분하고</u> 당사자들 사이에 별도로 그 동기를 의사표시의 내용으로 삼기로 하는 <u>합의까지 이루어질 필요는 없지만</u>, 그 법률행위의 내용의 착오는 보통 일반인이 표의자의 입장에 섰더라면 그와 같은 의사표시를 하지 아니하였으리라고 여겨질 정도로 그 착오가 중요한 부분에 관한 것이어야 한다.

조지사2 p275 문제 6번 / 민판1 p206 / 진모 4회 21번 ㉠지문

④ [正] 사기취소의 효과로 발생하는 부당이득반환청구권과 불법행위로 인한 손해배상청구권의 관계를 묻는 지문이다. 권리경합관계에 있으므로 사기에 의하여 의사표시를 한 양도인은 부당이득반환청구권을 행사할 수도 있고, 불법행위로 인한 손해배상청구권을 행사할 수도 있으나, 양 권리를 중첩적으로 행사할 수는 없다. 즉, 선택적 경합관계에 놓이게 된다.
[大判 1993. 4. 27, 92다56087] <u>법률행위가 사기에 의한 것으로서 취소되는 경우에 그 법률행위가 동시에 불법행위를 구성하는 때에는 취소의 효과로 생기는 부당이득반환청구권과 불법행위로 인한 손해배상청구권은 경합하여 병존하는 것이므로</u>, 채권자는 어느 것이라도 <u>선택하여 행사할 수 있지만 중첩적으로 행사할 수는 없다.</u>

조지사2 p302 문제 22번 / 민판2 p609 / 진모 4회 31번 ㉷지문

⑤ [誤] 출장소장의 사기가 제3자 사기에 해당하는지 여부를 묻는 지문이다. 고객이 행한 의사표시의 상대방은 은행이고, 출장소장은 은행의 피용자이며, 의사표시의 상대방은 아니다. 그렇지만 출장소장은 당해 거래행위에 있어서 은행의 대리인으로서 은행과 동일하게 평가될 수 있는 자이므로 이러한 자의 사기는 제3자 사기에 해당하지 않는다고 보아야 한다. 따라서 제110조 제2항에 따라 취소권 발생이 제한되지 않는다. 은행이 비록 출장소장의 사기사실을 몰랐고 모른 데에 과실이 없었다고 하더라도 제110조 제1항에 따라 고객은 대출약정을 취소할 수 있다.
[大判 1999. 2. 23, 98다60828·60835] 상대방 있는 의사표시에 관하여 제3자가 사기나 강박을 한 경우에는 상대방이 그 사실을 알았거나 알 수 있었을 경우에 한하여 그 의사표시를 취소할 수 있으나, <u>상대방의 대리인 등 상대방과 동일시할 수 있는 자의 사기나 강박은 제3자의 사기·강박에 해당하지 아니한다</u>(필자 註 : 은행의 출장소장이 어음할인을 부탁받자 그 어음이 부도날 경우를 대비하여 담보조로 받아두는 것이라고 속이고 금전소비대차 및 연대보증 약정을 체결한 후 그 대출금을 자신이 인출하여 사용한 사안에서, 위 출장소장의 행위는 은행 또는 은행과 동일시할 수 있는 자의 사기일 뿐 제3자의 사기로 볼 수 없으므로, 은행이 그 사기 사실을 알았거나 알 수 있었을 경우에 한하여 위 약정을 취소할 수 있는 것은 아니라고 본 사례).

조지사2 p300 문제 18번 / 민판1 p232 / 진모 5회 19번 ⓒ지문 유사

정답 ④

22. 배점 3 甲은 乙의 임야를 20년간 소유의 의사로 평온·공연하게 점유하여 취득시효가 완성되었다. 그런데 甲이 乙에게 소유권이전등기를 요구하자 乙은 그 임야를 丙에게 처분하고 丙에게 소유권이전등기를 해주었다. 甲, 乙, 丙 사이의 법률관계에 관한 설명 중 옳지 않은 것은? (다툼 있으면 판례에 의함)

① 乙의 甲에 대한 소유권이전등기의무는 乙의 귀책사유로 이행불능이 되었으므로, 甲은 乙에게 이행불능에 의한 채무불이행책임을 이유로 손해배상을 청구할 수 있다.
② 甲은 乙에게 대상청구권을 행사하여 乙이 취득한 이득의 반환을 청구할 수 있다.
③ 甲은 乙에게 불법행위로 인한 손해배상을 청구할 수 있다.
④ 丙이 甲의 취득시효완성 사실을 알고도, 甲에게 소유권이전등기를 해주려고 하는 乙을 적극 권유하여 자기에게 처분하게 한 경우, 甲은 乙을 대위하여 丙에게 그 소유권이전등기의 말소를 청구할 수 있다.
⑤ 甲이 취득시효 완성을 원인으로 위 임야에 대한 소유권이전등기를 적법하게 마쳤다고 가정하면, 甲의 소유권 취득은 乙로부터의 승계취득이 아니라 원시취득이다.

해설

* 취득시효 완성 후 소유자가 제3자에게 취득시효의 목적물을 처분하고 등기를 이전하여 준 경우에 관한 법률관계를 묻는 사례문제이다.

① [誤] 취득시효의무자인 소유명의자가 취득시효권리자인 점유자에 대하여 채무불이행으로 인한 손해배상책임을 부담하는지 여부를 묻는 지문이다. 이에 관해서는 견해의 대립이 있다. 채무불이행으로 인한 손해배상책임이 계약관계를 기초로 한 채무에 관해서만 발생하는 것은 아니므로 채무불이행으로 인한 손해배상책임을 인정하여야 한다는 견해가 있으나, 대법원은 취득시효의무자의 채무불이행으로 인한 손해배상책임을 부정하고 있다.

[大判 1995. 7. 11, 94다4509] 부동산 점유자에게 시효취득으로 인한 소유권이전등기 청구권이 있다고 하더라도 이로 인하여 부동산 소유자와 시효취득자 사이에 <u>계약상의 채권·채무관계가 성립하는 것은 아니므로</u>, 그 부동산을 처분한 소유자에게 채무불이행책임을 물을 수 없다(필자 註 : 위 판결은 취득시효완성 후 소유자의 처분으로 소유자는 채무불이행책임을 부담하지 않는다고 한다. 그리고 그 근거로서 소유자와 시효취득자 사이에 계약상의 채권·채무관계가 성립하는 것은 아니라는 점을 든다. 이에 대하여는 법정의 채권·채무관계에서도 채무불이행은 인정된다는 점, 취득시효완성자의 등기청구권을

채권적이라고 본다면 채무불이행도 인정되어야 한다는 점, 취득시효완성자에게 대상청구권을 인정하는 것이 판례의 태도인데, 이는 채무불이행을 전제로 하고 있다는 점 등을 근거로 비판하는 견해가 있다).

조지사2 p691 2-(2)번 / 민판1 p276 / 진모 10회 21번 ①지문 유사

② [正] 취득시효권리자의 대상청구권의 요건을 묻는 지문이다. 불능으로 되기 전에 취득시효권리자가 취득시효를 주장하였거나 등기청구를 하였다면 대상청구권을 행사할 수 있다는 것이 대법원의 입장이다. 시효권리자 甲은 시효의무자 乙이 임야를 丙에게 처분하기 전에 이미 乙에게 소유권이전등기를 요구하였기 때문에 乙이 丙으로부터 취득한 처분대금을 대상청구권을 행사하여 반환하라고 청구할 수 있다.
[大判 1996. 12. 10. 94다43825] 민법상 이행불능의 효과로서 채권자의 전보배상청구권과 계약해제권 외에 별도로 대상청구권을 규정하고 있지는 않으나 해석상 대상청구권을 부정할 이유는 없는 것이지만, 점유로 인한 부동산 소유권 취득기간 만료를 원인으로 한 등기청구권이 이행불능으로 되었다고 하여 대상청구권을 행사하기 위하여는, 그 이행불능 전에 등기명의자에 대하여 점유로 인한 부동산 소유권 취득기간이 만료되었음을 이유로 그 권리를 주장하였거나 그 취득기간 만료를 원인으로 한 등기청구권을 행사하였어야 하고, 그 이행불능 전에 그와 같은 권리의 주장이나 행사에 이르지 않았다면 대상청구권을 행사할 수 없다고 봄이 공평의 관념에 부합한다.

조지사2 p691 2-(3)번 / 민판1 p579 / 진모 10회 25번 ⓓ지문 변형

③ [正] 취득시효권리자가 취득시효의무자에 대하여 불법행위로 인한 손해배상청구권을 행사할 수 있는지 여부를 묻는 지문이다. 취득시효완성 사실을 알고 취득시효의무자가 처분하였다면 이는 불법행위를 구성하며, 취득시효권리자는 취득시효의무자에 대하여 손해배상을 청구할 수 있다. 취득시효권리자인 甲이 취득시효의무자인 乙에게 소유권이전등기를 요구하였기 때문에 乙은 취득시효 완성사실을 알고 있다고 보아야 하며, 따라서 乙의 임야 처분행위는 불법행위를 구성한다. 甲은 乙에게 불법행위로 인한 손해배상을 청구할 수 있다.
[大判 1995. 7. 11. 94다4509] 취득시효가 완성된 후 점유자가 그 취득시효를 주장하거나 이로 인한 소유권이전등기청구를 하기 이전에는, 특별한 사정이 없는 한 그 등기명의인인 부동산 소유자로서는 그 시효취득 사실을 알 수 없는 것이므로, 이를 제3자에게 처분하였다고 하더라도 불법행위가 성립하는 것은 아니다.

조지사2 p691 2-(2)번 / 민판1 p578 / 진모 10회 27번 ⓐ지문 참조

④ [正] 배임행위에의 적극 가담에 의한 무효이론이 취득시효의무자의 처분행위에도 적용되는지 여부를 묻는 지문이다. 취득시효의무자의 처분행위가 불법행위를 구성하는 경우, 그와 같은 불법행위에 처분행위의 상대방이 적극 가담한 때에는 그 처분행위는 제103조에 따라 무효가 되며, 취득시효권리자는 취득시효의무자를 대위하여 무효의

등기말소를 청구할 수 있다는 것이 대법원의 입장이다.

[大判 1995. 6. 30, 94다52416] 부동산 소유자가 자신의 부동산에 대하여 취득시효가 완성된 사실을 알고 이를 제3자에게 처분하여 소유권이전등기를 넘겨줌으로써 취득시효 완성을 원인으로 한 소유권이전등기의무를 이행불능에 빠뜨려 시효취득을 주장하는 자에게 손해를 입혔다면 불법행위를 구성하며, 이 경우 부동산을 취득한 제3자가 부동산 소유자의 이와 같은 불법행위에 적극 가담하였다면 이는 사회질서에 반하는 행위로서 무효이다.

[大判 1980. 5. 27, 80다565] 소외인으로부터 피고에게 소유권이전등기가 경료된 것이 원고에 대한 배임행위로서 반사회적 법률행위에 의한 것이라면 원고는 소외인을 대위하여 피고 앞으로 경료된 등기의 말소를 구할 수 있다.

민판1 p165, p578 / 민판2 p639

⑤ [正] 취득시효 완성자의 소유권 취득의 법적 성질을 묻는 지문이다. 비록 이전등기의 형식으로 소유권을 취득하기는 하지만, 전 소유자로부터의 승계취득이 아니라 법률규정에 의한 원시취득이라는 것이 대법원의 입장이다.

[大判 2004. 9. 24, 2004다31463] 부동산점유취득시효는 20년의 시효기간이 완성한 것만으로 점유자가 곧바로 소유권을 취득하는 것은 아니고 민법 제245조에 따라 점유자 명의로 등기를 함으로써 소유권을 취득하게 되며, 이는 <u>원시취득</u>에 해당하므로 특별한 사정이 없는 한 원소유자의 소유권에 가하여진 각종 제한에 의하여 영향을 받지 아니하는 <u>완전한 내용의 소유권을 취득</u>하게 되고, 이와 같은 소유권취득의 반사적 효과로서 그 부동산에 관하여 취득시효의 기간이 진행 중에 체결되어 소유권이전등기청구권가등기에 의하여 보전된 매매예약상의 매수인의 지위는 소멸된다고 할 것이지만, 시효기간이 완성되었다고 하더라도 점유자 앞으로 등기를 마치지 아니한 이상 전 소유권에 붙어 있는 위와 같은 부담은 소멸되지 아니한다(필자 註 : 점유취득시효완성자인 원고가 피고의 가등기가 원인무효임을 이유로 한 가등기의 말소청구를 배척한 사례).

조지사1 p675 문제49번 / 민판1 p565 / 진모 20회 24번 ⓒ지문 해설 참조

정답 ①

23. _{배점 2} 甲교회(비법인사단)의 목사 丙은 교인총회를 소집하여 결의권자 중 1/2의 동의를 얻어 소속 교단 및 교회로부터 탈퇴를 선언하고 새로운 교회의 명칭을 乙교회(비법인사단)로 하였다. 그리고 乙교회는 甲교회의 소유명의로 되어 있던 교회건물에 대한 허위의 매매계약서를 작성하여 乙교회 명의로 소유권이전등기를 마쳤다(다만, 甲교회에는 교회 운영에 관한 자치규범이 있으며, 그 규범에는 자치규범의 변경 및 해산에 관한 별도의 의결정족수를 규정하고 있지 않음). 이 사례에 관한 설명 중 옳은 것을 모두 고른 것은? (다툼 있으면 판례에 의함) 진모 1회 23번 문제 변형

> ㄱ. 교회건물은 甲교회의 잔류교인들과 乙교회의 교인들의 총유에 속한다.
> ㄴ. 乙교회의 교인들도 교회건물을 사용할 수 있다.
> ㄷ. 교회건물은 甲교회와 乙교회의 공유가 된다.
> ㄹ. 교회건물은 甲교회의 잔류교인들의 총유에 속한다.
> ㅁ. 甲교회의 교인총회에서 결의권자의 3/4 이상의 동의를 얻어야 소속 교단으로부터의 탈퇴가 법적으로 유효하다.

① ㄱ, ㄴ ② ㄴ, ㄷ ③ ㄱ, ㅁ ④ ㄹ ⑤ ㄹ, ㅁ

해설

* 비법인사단인 교회의 분열에 관한 사례문제이다. 교인 1/2의 동의를 얻어 소속 교단 및 교회로부터의 탈퇴결의가 어떠한 의미를 가지는지가 본 사례의 핵심적 쟁점이다. 이로 인하여 종전 교회가 새로운 교회로 바뀌는지, 교회재산인 건물의 귀속권리자는 누구인지 등이 문제된다.

ㄱ. [誤] ㄴ. [誤] ㄷ. [誤] ㄹ. [正] ㅁ. [誤] 교회재산인 교회건물의 귀속권리자가 누구인지 및 교단변경결의의 요건을 묻는 지문이다. 비법인사단인 교회의 재산은 교인들의 총유에 속한다. 그런데 비법인사단인 교회가 내부적 갈등으로 일부 교인들이 교단변경 및 교회에서의 탈퇴결의를 하고, 새로운 교회를 설립한 경우, 종전 교회재산이 새로운 교회의 구성원인 교인들에게 귀속되어야 하는지 아니면 종전 교회의 잔류교인들에게 귀속되어야 하는지 문제된다. 이 문제를 해결하기 위해서는 교단변경 및 교회에서의 탈퇴결의가 어떠한 의미를 가지는지 밝혀져야 한다. (ㄱ) 교단변경 및 교회에서의 탈퇴결의는 일종의 정관변경결의라고 보는 것이 대법원의 입장이다. 따라서 별도의 규약이 존재하지 않는다면 민법에 따라 2/3 이상의 찬성이 있어야 유효하게 교단으로부터 탈퇴될 수 있다. 따라서 결의권자 3/4 이상의 동의를 얻어야 소속 교단으로부터의 탈퇴가 법적으로 유효하다는 ㅁ. 지문은 옳지 않다. (ㄴ) 1/2의 동의를 얻어 교단으로부터의 탈퇴를 결의하였으므로 탈퇴의 효과는 발생하지 않으며, 甲교회는 여전히 甲교회로서 존속하게 된다. 그렇다면 교회건물은 甲교회 구성원의 총유에 속하게 되는데, 이미 甲교회에서의 탈퇴를 결의하고 乙교회에 소속된 교인들은 甲교회재산인 교회건물에 대한 총유권자로서의 지위를 상실하게 된다. 결국 교회건물은 甲교회의 잔류교인들의 총유에 속하게 된다.
[大判(全) 2006. 4. 20. 2004다37775] 우리 민법이 사단법인에 있어서 구성원의 탈퇴나 해산은 인정하지만 사단법인의 구성원들이 2개의 법인으로 나뉘어 각각 독립한 법인으로 존속하면서 종전 사단법인에게 귀속되었던 재산을 소유하는 방식의 사단법인의 분열은 인정하지 아니한다. 그 법리는 법인 아닌 사단에 대하여도 동일하게 적용되며, <u>법인 아닌 사단의 구성원들의 집단적 탈퇴로써 사단이 2개로 분열되고 분열되기 전 사단의 재산이 분열된 각 사단들의 구성원들에게 각각 총유적으로 귀속되는 결과를 초래하는 형태의 법인 아닌 사단의 분열은 허용되지 않는다.</u> 교회가 법인 아

닌 사단으로서 존재하는 이상, 그 법률관계를 둘러싼 분쟁을 소송적인 방법으로 해결함에 있어서는 법인 아닌 사단에 관한 민법의 일반 이론에 따라 교회의 실체를 파악하고 교회의 재산 귀속에 대하여 판단하여야 하고, 이에 따라 법인 아닌 사단의 재산관계와 그 재산에 대한 구성원의 권리 및 구성원 탈퇴, 특히 집단적인 탈퇴의 효과 등에 관한 법리는 교회에 대하여도 동일하게 적용되어야 한다. 따라서 교인들은 교회 재산을 총유의 형태로 소유하면서 사용·수익할 것인데, 일부 교인들이 교회를 탈퇴하여 그 교회 교인으로서의 지위를 상실하게 되면 탈퇴가 개별적인 것이든 집단적인 것이든 이와 더불어 종전 교회의 총유 재산의 관리·처분에 관한 의결에 참가할 수 있는 지위나 그 재산에 대한 사용·수익권을 상실하고, 종전 교회는 잔존 교인들을 구성원으로 하여 실체의 동일성을 유지하면서 존속하며 종전 교회의 재산은 그 교회에 소속된 잔존 교인들의 총유로 귀속됨이 원칙이다. 그리고 교단에 소속되어 있던 지교회의 교인들의 일부가 소속 교단을 탈퇴하기로 결의한 다음 종전 교회를 나가 별도의 교회를 설립하여 별도의 대표자를 선정하고 나아가 다른 교단에 가입한 경우, 그 교회는 종전 교회에서 집단적으로 이탈한 교인들에 의하여 새로이 법인 아닌 사단의 요건을 갖추어 설립된 신설 교회라 할 것이어서, 그 교회 소속 교인들은 더 이상 종전 교회의 재산에 대한 권리를 보유할 수 없게 된다.

[大判(全) 2006. 4. 20, 2004다37775] 특정 교단에 가입한 지교회가 교단이 정한 헌법을 지교회 자신의 자치규범으로 받아들였다고 인정되는 경우에는 소속 교단의 변경은 실질적으로 지교회 자신의 규약에 해당하는 자치규범을 변경하는 결과를 초래하고, 만약 지교회 자신의 규약을 갖춘 경우에는 교단변경으로 인하여 지교회의 명칭이나 목적 등 지교회의 규약에 포함된 사항의 변경까지 수반하기 때문에, 소속 교단에서의 탈퇴 내지 소속 교단의 변경은 사단법인 정관변경에 준하여 의결권을 가진 교인 2/3 이상의 찬성에 의한 결의를 필요로 하고, 그 결의요건을 갖추어 소속 교단을 탈퇴하거나 다른 교단으로 변경한 경우에 종전 교회의 실체는 이와 같이 교단을 탈퇴한 교회로서 존속하고 종전 교회 재산은 위 탈퇴한 교회 소속 교인들의 총유로 귀속된다.

조지사1 p118문제 17번, p132문제 49번, p133문제 51, p140문제 3-(2) / 민판1 p99 p104 / 진모 1회 23번 ⓒ지문, 1회 23번 ⓒ지문

정답 ④

24. 배점 3 소멸시효의 중단에 관한 설명 중 옳은 것을 모두 고른 것은? (다툼 있으면 판례에 의함)

ㄱ. 甲과 乙이 丙에 대해 부진정연대채무를 부담하고 있는 경우, 丙의 甲에 대한 이행의 청구는 乙의 채무에 대해 시효중단의 효력이 발생하지 않는다.

ㄴ. 금전의 급부를 목적으로 하는 국가의 채권에 대하여 적법한 납입의 고지가 있으면 그 채권의 발생원인이 공법상의 것이건 사법상의 것이건 관계없이 시효중단의 효력이 발생한다.
ㄷ. 한 개의 채권 중 일부에 관하여만 판결을 구한다는 취지를 명백히 하여 소송을 제기한 경우에는 소제기에 의한 소멸시효중단의 효력이 그 일부에 관하여만 발생하지만, 그 취지로 보아 채권 전부에 관하여 판결을 구하는 것으로 해석된다면 그 청구액을 소송물인 채권의 전부로 보아야 하고, 이러한 경우에는 그 채권의 동일성의 범위 내에서 그 전부에 관하여 시효중단의 효력이 발생한다.
ㄹ. 교직원의 학교법인을 상대로 한 의원면직처분 무효확인청구의 소도 교직원의 학교법인에 대한 급여청구의 한 실현수단이 될 수 있어 소멸시효의 중단사유인 재판상 청구에 해당한다.
ㅁ. 형사소송에서 「소송촉진 등에 관한 특례법」에서 정한 배상명령을 신청한 경우를 제외하고는, 피해자가 가해자를 상대로 고소하거나 그 고소에 기하여 형사재판이 개시되어도 이를 소멸시효의 중단사유인 재판상의 청구로 볼 수 없다.

① ㄱ, ㄴ, ㄷ ② ㄴ, ㄷ, ㄹ ③ ㄴ, ㄷ, ㅁ
④ ㄷ, ㄹ, ㅁ ⑤ ㄱ, ㄴ, ㄷ, ㄹ, ㅁ ⑥ ㄱ, ㄴ, ㄷ, ㅁ
⑦ ㄱ, ㄴ, ㄹ ⑧ ㄴ, ㄷ, ㄹ, ㅁ

해설

ㄱ. [正] 부진정연대채무자 1인에 대한 이행청구가 다른 부진정연대채무자에게 절대적 효력을 가지는지 여부를 묻는 지문이다. 부진정연대채무에서는 채권의 목적을 달성하는 사유인 변제, 대물변제, 변제공탁, 상계 등이 절대적 효력을 가지며, 연대채무의 절대적 효력사유인 이행청구는 부진정연대채무에서는 상대적 효력사유에 불과하다. 따라서 다른 부진정연대채무의 채무에 대해서는 시효중단의 효력이 발생하지 않는다.
[大判 1997. 9. 12, 95다42027] 부진정연대채무에 있어 채무자 1인에 대한 <u>이행의 청구는 타 채무자에 대하여 그 효력이 미치지 않으므로</u>, 하천구역으로 편입된 토지의 소유자가 서울특별시장에게 보상금지급 청구를 하였다 하더라도 부진정연대채무관계에 있는 국가에 대하여 시효중단의 효과가 발생한다고 할 수 없다.

민판2 p249

ㄴ. [正] 납입고지가 시효중단 사유가 되는지 여부를 묻는 지문이다. 적법한 납입의 고지는 이행청구로서 시효중단 사유가 된다(제168조 제1호).
[大判 1985. 2. 13, 84누649] <u>납세고지에 의하여 시효가 중단되는 부분은 납세고지된 부분 및 그 액수에 한정되고</u> 남은 세액에 대한 조세부과 전에 대하여는 시효가 중단

됨이 없이 진행한다.

민판1 p376

ㄷ. [正] 일부청구로 인한 시효중단의 범위를 묻는 지문이다. 가분적 채권의 일부를 소송상 청구한 경우, 일부만이 중단의 대상이 되는지 아니면 채권의 동일성이 인정되는 전부에 중단의 효력이 미치는지를 묻고 있다. 대법원은 일부청구한 사람의 의사가 전부에 관한 판결을 구하는지 여부에 따라 중단의 범위를 결정한다. 일부만을 심판의 대상으로 삼아 그 부분에 관해서만 판결을 구하는 것이라면 일부에 중단의 효력이 미치고, 나머지 부분의 소멸시효는 진행되지만, 그렇지 아니한 경우에는 전부에 중단의 효력이 미친다는 입장이다.
[大判 1992. 4. 10. 91다43695] 한 개의 채권 중 <u>일부에 관하여만 판결을 구한다는 취지를 명백히 하여 소송을 제기한 경우에는 소제기에 의한 소멸시효중단의 효력이 그 일부에 관하여만 발생하고</u>, 나머지 부분에는 발생하지 아니하지만 비록 그 중 일부만을 청구한 경우에도 그 취지로 보아 채권 전부에 관하여 판결을 구하는 것으로 해석된다면 그 청구액을 소송물인 채권의 전부로 보아야 하고, 이러한 경우에는 그 채권의 동일성의 범위 내에서 그 전부에 관하여 시효중단의 효력이 발생한다고 해석함이 상당하다(필자 註 : 신체의 훼손으로 인한 손해의 배상을 청구하는 사건에서는 그 손해액을 확정하기 위하여 통상 법원의 신체감정을 필요로 하기 때문에 앞으로 그러한 절차를 거친 후 그 결과에 따라 청구금액을 확장하겠다는 뜻을 소장에 객관적으로 명백히 표시한 경우에는 그 소제기에 따른 시효중단의 효력은 소장에 기재된 일부 청구액뿐만 아니라 그 손해배상청구권 전부에 대하여 미친다고 한 사례).

조지사1 p470 문제 21번 / 민판1 p373 / 진모 7회 27번 ⓒ지문

ㄹ. [正] 기본적 법률관계 확인청구가 파생적 권리의 소멸시효 중단사유인 재판상 청구에 해당하는지 여부를 묻는 지문이다. 그 확인청구가 파생적 권리를 실현하는 수단으로서의 의미를 가지는 경우라면 파생적 권리의 소멸시효 중단사유인 재판상 청구에 해당한다고 보는 것이 대법원의 입장이다. 의원면직처분 무효확인청구는 면직처분 이후 근로관계가 존속함을 전제로 하는 급여청구의 실현수단으로서의 의미를 가진다. 따라서 급여청구권의 소멸시효 중단사유에 해당한다.
[大判 1978. 4. 11. 77다2509] <u>파면처분무효확인의 소는 보수금채권을 실현하는 수단</u>이라는 성질을 가지고 있으므로 보수금채권 자체에 관한 이행소송을 제기하지 않았다 하더라도 위 소의 제기에 의하여 보수금채권에 대한 시효는 중단된다.

조지사 p466 문제 9번 / 민판1 p370

ㅁ. [正] 형사소송의 개시가 소멸시효 중단사유인 재판상 청구에 해당하는지 여부를 묻는 지문이다. 이는 결국 소멸시효 중단사유인 재판상 청구의 의미를 묻는 것이다. 재판상 청구란 소멸시효의 대상인 권리를 재판절차에서 적극적으로 행사하는 것을

말한다. 형사소송이 개시되었다고 하여 형사피해자의 손해배상청구권이 적극적으로 행사된 것으로 볼 수는 없으므로 배상명령신청을 통한 적극적 권리행사가 있었던 경우를 제외한다면 형사피해자의 손해배상청구권의 소멸시효 중단사유인 재판상 청구에 해당한다고 볼 수는 없다.

[大判 1999. 3. 12, 98다18124] 형사소송은 피고인에 대한 국가형벌권의 행사를 그 목적으로 하는 것이므로, 피해자가 형사소송에서 소송촉진 등에 관한 특례법에서 정한 배상명령을 신청한 경우를 제외하고는 단지 피해자가 가해자를 상대로 고소하거나 그 고소에 기하여 형사재판이 개시되어도 이를 가지고 소멸시효의 중단사유인 재판상의 청구로 볼 수는 없다.

민판1 p374

정답 ⑤

25. 배점 2 주택임대차에 관한 설명 중 옳지 않은 것은? (다툼 있으면 판례에 의함)

① 소액임차인은 그 임차주택에 대한 경매신청의 등기 전에 대항요건을 갖추어야 그 임차주택의 환가대금으로부터 보증금 중 일정액을 다른 담보물권자보다 우선하여 변제받을 수 있다.
② 임차인이 임대차기간이 끝나기 1개월 전까지 갱신거절의 통지를 하지 않아 「주택임대차보호법」에 따라 계약이 묵시적으로 갱신된 경우, 임차인은 언제든지 임대인에게 계약해지를 통지할 수 있다.
③ 동일 지번에 이른바 다가구용 단독주택 1동이 건립되어 있는 경우, 임차인이 그 주택의 일부를 임차하고 전입신고를 할 때 지번만 바르게 기재하고 호수를 잘못 기재하면 유효한 공시방법을 갖춘 것이 아니다.
④ 소액임차인이 대항요건과 확정일자까지 갖춘 경우, 먼저 소액임차인으로서 보호받는 일정액을 우선 배당받고, 그 나머지 임차보증금채권액에 대하여는 대항요건과 확정일자를 갖춘 임차인으로서의 순위에 따라 배당받는다.
⑤ 임대차계약의 주된 목적이 소액임차인으로 보호받아 선순위 담보권자에 우선하여 채권을 회수하려는 것에 있었다면, 그 임대차계약의 임차인은 「주택임대차보호법」상 소액임차인으로 보호받지 못한다.

해설

① [正] 소액보증금 우선특권이 인정되기 위한 요건을 묻는 지문이다. 소액임차인은 보증금 중 일정액을 다른 채권자보다 우선하여 변제받을 수 있다. 이 경우 임차인은 주택에 대한 경매신청의 등기 전에 대항요건을 갖추어야 한다(주택임대차보호법 제8조 제1항).

② [正] 주택임대차가 법정갱신 된 후 임차인이 해지통고를 할 수 있는지 여부를 묻는 지문이다. 주택임대차가 법정갱신 된 경우, 임대차의 존속기간은 2년으로 본다(주택임대차보호법 제6조 제2항). 그러나 임차인은 언제든지 임대인에게 계약해지를 통지할 수 있고(주택임대차보호법 제6조의 2 제1항), 임차인의 해지통고는 임대인이 통지를 받은 날부터 3개월이 지나면 그 효력이 발생한다(주택임대차보호법 제6조의 2 제2항).

③ [誤] 다가구용 단독주택의 일부를 임차한 임차인이 대항력의 요건으로서 주민등록을 함에 있어 호수 기재가 필요한지 여부를 묻는 지문이다. 지번기재만으로 족하고, 호수 기재가 필요한 것은 아니며, 호수를 잘못 기재하더라도 공시방법으로서 유효하다는 것이 대법원의 입장이다. 이는 다가구용 단독주택이 하나의 건물로서 구분소유의 객체가 아니므로 각 부분에 이해관계를 맺는 자가 나타나지 않기 때문이다.
[大判 1997. 11. 14, 97다29530] 이른바 다가구용 단독주택의 경우 건축법이나 주택건설촉진법상 이를 공동주택으로 볼 근거가 없어 단독주택으로 보는 이상 주민등록법시행령 제5조 제5항에 따라 임차인이 위 건물의 일부나 전부를 임차하고, 전입신고를 하는 경우 지번만 기재하는 것으로 충분하고, 나아가 위 건물 거주자의 편의상 구분하여 놓은 호수까지 기재할 의무나 필요가 있다고 할 수 없고, 등기부의 갑구란의 각 지분 표시 뒤에 각 그 호수가 기재되어 있으나 이는 법령상의 근거가 없이 소유자들의 편의를 위하여 등기공무원이 임의적으로 기재하는 것에 불과하며, 임차인이 실제로 위 건물의 어느 부분을 임차하여 거주하고 있는지 여부의 조사는 단독주택의 경우와 마찬가지로 위 건물에 담보권 등을 설정하려는 이해관계인의 책임 하에 이루어져야 할 것이므로 임차인이 전입신고로 지번을 정확히 기재하여 전입신고를 한 이상 일반 사회통념상 그 주민등록으로 위 건물에 임차인이 주소 또는 거소를 가진 자로 등록되어 있는지를 인식할 수 있어 임대차의 공시방법으로 유효하다고 할 것이고, 설사 위 임차인이 위 건물의 소유자나 거주자 등이 부르는 대로 지층 1호를 1층 1호로 잘못 알고, 이에 따라 전입신고를 "연립 - 101"로 하였다고 하더라도 달리 볼 것은 아니다.

④ [正] 소액임차인의 보증금을 배당하는 방법을 묻는 지문이다. 소액임차인이 대항력과 확정일자를 구비하였다면 우선 소액임차인으로서 보증금 중 일정액을 배당하고, 나머지 보증금채권액은 대항력과 확정일자의 순위에 따라 배당된다는 것이 대법원의 입장이다.
[大判 2007. 11. 15, 2007다45562] 주택임대차보호법 제3조의2 제2항은 대항요건(주택인도와 주민등록전입신고)과 임대차계약증서상의 확정일자를 갖춘 주택임차인에게 부동산 담보권에 유사한 권리를 인정한다는 취지로서, 이에 따라 대항요건과 확정일자를

갖춘 임차인들 상호간에는 대항요건과 확정일자를 최종적으로 갖춘 순서대로 우선변제받을 순위를 정하게 되므로, 만일 대항요건과 확정일자를 갖춘 임차인들이 주택임대차보호법 제8조 제1항에 의하여 보증금 중 일정액의 보호를 받는 소액임차인의 지위를 겸하는 경우, <u>먼저 소액임차인으로서 보호받는 일정액을 우선 배당하고 난 후의 나머지 임차보증금채권액에 대하여는 대항요건과 확정일자를 갖춘 임차인으로서의 순위에 따라 배당을 하여야 하는 것이다.</u>

민판2 p540 / 진모 21회 29번 ⓓ지문

⑤ [正] 채권회수를 주된 목적으로 하여 소액임대차계약을 체결한 경우, 주택임대차보호법이 적용되는지 여부를 묻는 지문이다. 적용되지 않는다는 것이 대법원의 입장이다. 주택임대차보호법은 국민의 주거생활 안정을 목적으로 만들어진 것이기 때문이다.
[大判 2001. 5. 8, 2001다14733] 주택임대차보호법의 입법목적은 주거용 건물에 관하여 민법에 대한 특례를 규정함으로써 국민의 주거생활의 안정을 보장하려는 것이고(제1조), 주택임대차보호법 제8조 제1항에서 임차인이 보증금 중 일정액을 다른 담보물권자보다 우선하여 변제받을 수 있도록 한 것은, 소액임차인의 경우 그 임차보증금이 비록 소액이라고 하더라도 그에게는 큰 재산이므로 적어도 소액임차인의 경우에는 다른 담보권자의 지위를 해하게 되더라도 그 보증금의 회수를 보장하는 것이 타당하다는 사회보장적 고려에서 나온 것으로서 민법의 일반규정에 대한 예외규정인 바, 그러한 입법목적과 제도의 취지 등을 고려할 때, 채권자가 채무자 소유의 주택에 관하여 채무자와 임대차계약을 체결하고 전입신고를 마친 다음 그곳에 거주하였다고 하더라도 실제 임대차계약의 주된 목적이 주택을 사용·수익하려는 것에 있는 것이 아니고, <u>실제적으로는 소액임차인으로 보호받아 선순위 담보권자에 우선하여 채권을 회수하려는 것에 주된 목적이 있었던 경우에는 그러한 임차인을 주택임대차보호법상 소액임차인으로 보호할 수 없다.</u>

민판2 p523 p539 / 진모 21회 23번 ⓓ지문

정답 ③

26. 배점 2 불법행위를 원인으로 한 손해배상에 관한 설명 중 옳은 것을 모두 고른 것은? (다툼 있으면 판례에 의함)

ㄱ. 불법행위를 원인으로 한 손해배상에 있어서는 채무불이행을 원인으로 한 경우와는 달리, 그 손해가 고의 또는 중대한 과실에 의한 것이 아니고 그 배상으로 인하여 배상자의 생계에 중대한 영향을 미치게 될 경우에는 배상의무자의 청구에 의하여 법원이 배상액을 감경할 수 있다.

> ㄴ. 당사자들 사이에 다른 특약이 있으면 금전배상 이외의 방법으로 손해를 배상할 수 있다.
> ㄷ. 고의의 불법행위가 부당이득의 원인이 됨으로써 불법행위로 인한 손해배상채권과 부당이득반환채권이 모두 성립하여 양 채권이 경합하는 경우, 피해자가 부당이득반환채권만을 청구하였을 때 상대방이 이를 수동채권으로 하여 상계하는 것은 허용된다.
> ㄹ. 불법행위로 인한 손해배상청구소송의 원고가 피고에게 일시금지급을 구하는 청구를 하였더라도, 법원이 정기금지급을 명하는 판결을 선고할 수도 있다.
> ㅁ. 불법행위로 인하여 배상할 손해는 원칙적으로 통상손해에 한하되, 특별한 사정에 관한 가해자의 예견가능성이 있다면 특별손해도 배상의 대상에 포함된다.

① ㄱ, ㄴ   ② ㄷ, ㅁ   ③ ㄹ, ㅁ   ④ ㄱ, ㄴ, ㄷ, ㄹ
⑤ ㄴ, ㄷ, ㄹ   ⑥ ㄴ, ㄷ, ㅁ   ⑦ ㄱ, ㄴ, ㄹ, ㅁ   ⑧ ㄴ, ㄹ, ㅁ

해설

ㄱ. [正] 불법행위로 인한 배상의무자의 배상액 경감청구의 요건을 묻는 지문이다. 불법행위로 인한 배상의무자는 그 손해가 고의 또는 중대한 과실에 의한 것이 아니고, 그 배상으로 인하여 배상자의 생계에 중대한 영향을 미치게 될 경우에는 법원에 그 배상액의 경감을 청구할 수 있고(제765조 제1항), 법원은 배상의무자의 청구가 있는 때에는 채권자 및 채무자의 경제상태와 손해의 원인 등을 참작하여 배상액을 경감할 수 있다(제765조 제2항).

조지사2 p655 문제 15번 유사

ㄴ. [正] 불법행위로 인한 손해배상의 방법을 묻는 지문이다. 민법은 원칙적으로 금전배상주의를 취하고 있다(제763조, 제394조). 다른 의사표시가 없으면 손해는 금전으로 배상하여야 한다(제394조). 다른 의사표시, 즉 특약이 있다면 금전배상 이외의 방법으로 손해를 배상할 수도 있다(제394조의 반대해석).

조지사2 p105 문제 9번 / 진모 16회 23번 ㉣지문 / 진모 24회 1번 ⑤번 지문

ㄷ. [誤] 고의의 불법행위로 인한 부당이득반환의무자인 가해자의 상계가 허용되는지 여부를 묻는 지문이다. 채무가 고의의 불법행위로 인한 것인 때에는 그 채무자는 상계로 채권자에게 대항하지 못한다(제496조). 고의의 불법행위로 인한 채무란 고의의 불법행위로 인한 손해배상채무를 의미하는데, 고의의 불법행위로 인한 손해배상의무와 부당이득반환의무가 모두 성립하여 양 채권이 경합하는 경우, 부당이득반환채무도 제496조가 정하는 채무에 해당하는지가 문제이다. 대법원은 그와 같은 경우에도 제

496조를 유추하여 채무자는 상계로 채권자에게 대항하지 못한다고 한다.

[大判 2002. 1. 25, 2001다52506] 민법 제496조의 취지는, 고의의 불법행위에 의한 손해배상채권에 대하여 상계를 허용한다면 고의로 불법행위를 한 자까지도 상계권 행사로 현실적으로 손해배상을 지급할 필요가 없게 되어 보복적 불법행위를 유발하게 될 우려가 있고, 또 고의의 불법행위로 인한 피해자가 가해자의 상계권 행사로 인하여 현실의 변제를 받을 수 없는 결과가 됨은 사회적 정의관념에 맞지 아니하므로 고의에 의한 불법행위의 발생을 방지함과 아울러 고의의 불법행위로 인한 피해자에게 현실의 변제를 받게 하려는데 있다 할 것인 바, 법이 보장하는 상계권은 이처럼 그의 채무가 고의의 불법행위에 기인하는 채무자에게는 적용이 없는 것이고, 나아가 <u>부당이득의 원인이 고의의 불법행위에 기인함으로써 불법행위로 인한 손해배상채권과 부당이득반환채권이 모두 성립하여 양 채권이 경합하는 경우 피해자가 부당이득반환채권만을 청구하고 불법행위로 인한 손해배상채권을 청구하지 아니한 때에도</u>, 그 청구의 실질적 이유, 즉 부당이득의 원인이 고의의 불법행위였다는 점은 불법행위로 인한 손해배상채권을 청구하는 경우와 다를 바 없다 할 것이어서, <u>고의의 불법행위에 의한 손해배상채권은 현실적으로 만족을 받아야 한다는 상계금지의 취지는 이러한 경우에도 타당하므로, 민법 제496조를 유추적용함이 상당하다.</u>

조지사2 p89 문제 65번 / 민판2 p83

ㄹ. [正] 일시금지급청구에도 불구하고 법원이 재량에 따라 정기금지급을 명할 수 있는지 여부를 묻는 지문이다. 금전배상의 원칙이란 일시금배상만을 의미하는 것은 아니다. 일시금배상이 원칙이지만, 재산 이외의 손해배상은 정기금채무로 지급할 것을 명할 수도 있다(제751조 제2항). 법원은 자유로운 재량에 따라 일시금배상을 명하거나 정기금배상을 명할 수 있다.

[大判 1995. 6. 9, 94다30515] 불법행위로 입은 상해의 후유장애로 인하여 장래에 계속적으로 치료비나 개호비 등을 지출하여야 할 손해를 입은 피해자가 그 손해의 배상을 <u>정기금에 의한 지급과 일시금에 의한 지급 중 어느 방식에 의하여 청구할 것인지는 원칙적으로 손해배상청구권자인 그 자신이 임의로 선택할 수 있는 것</u>으로서, 다만 식물인간 등의 경우와 같이 그 후유장애의 계속기간이나 잔존여명이 단축된 정도 등을 확정하기 곤란하여 일시금 지급방식에 의한 손해의 배상이 사회정의와 형평의 이념에 비추어 현저하게 불합리한 결과를 초래할 우려가 있다고 인정될 때에는, <u>손해배상청구권자가 일시금에 의한 지급을 청구하였더라도 법원이 재량에 따라 정기금에 의한 지급을 명하는 판결을 할 수 있다고 보아야 한다</u>(필자 註 : 교통사고로 입은 중증뇌좌상과 그 후유증인 우측완전반신마비, 언어불능 등으로 인하여 잔존여명이 10년 정도 단축된 것으로 인정되고, 향후치료비 등 손해에 대하여 일시금의 지급을 명하는 것이 사회정의와 형평의 이념에비추어 현저하게 불합리한 결과를 초래할 우려가 있다고 인정할 수 없다는 이유로, 정기금 지급을 명한 원심판결을 파기한 사례).

ㅁ. [正] 불법행위로 인한 특별손해가 배상범위에 포함되는지 여부를 묻는 지문이다. 원칙적으로 포함되지 않지만, 특별한 사정에 관한 가해자의 예견가능성이 있다면 배상의 범위에 포함된다(제763조, 제393조).

민판2 p721 / 진모 24회 37번 ⓑ지문

조지사2 p105 문제 8번 / 진모 24회 40번 ⓒ지문 해설 참조

정답 ⑦

27. 배점 3 제3자를 위한 계약에 관한 설명 중 옳지 않은 것을 모두 고른 것은? (다툼 있으면 판례에 의함)

ㄱ. 채무자와 인수인의 합의로 채권자가 인수인에 대해서도 직접 채권을 취득하게 하는 내용의 병존적 채무인수는 일종의 제3자를 위한 계약이다.
ㄴ. 설립 중인 법인을 제3자로 하여 체결될 수도 있다.
ㄷ. 낙약자는 요약자와 수익자 간의 법률관계에 기한 항변으로 수익자에게 대항할 수 없다.
ㄹ. 요약자나 낙약자는 제3자를 위한 계약이 통정허위표시로서 무효라는 이유로 선의의 수익자에게 대항하지 못한다.
ㅁ. 수익의 의사표시를 한 수익자는 낙약자에게 직접 그 이행을 청구할 수 있으나, 요약자가 위 수익의 의사표시 후 낙약자의 귀책사유로 계약을 해제한 경우, 수익자는 낙약자에게 자기가 입은 손해의 배상을 청구할 수 없다.
ㅂ. 제3자를 위한 유상·쌍무계약의 경우, 요약자는 낙약자가 채무를 이행하지 않으면 제3자의 동의 없이도 계약을 해제할 수 있다.
ㅅ. 제3자를 위한 계약이 해제된 경우, 이미 제3자에게 이행을 한 낙약자는 특별한 사정이 없는 한 제3자에 대해 원상회복을 청구할 수 없다.

① ㄱ, ㄷ, ㅂ   ② ㄴ, ㄷ, ㅁ   ③ ㄹ, ㅁ   ④ ㄹ, ㅂ, ㅅ   ⑤ ㅂ, ㅅ

해설

ㄱ. [正] 채무자와 인수인이 체결한 병존적 채무인수의 법적 성질을 묻는 지문이다. 채권자가 인수인에 대하여 직접 권리를 취득하도록 하는 합의로서 제3자를 위한 계약이다.
[大判 1997. 10. 24. 97다28698] 부동산을 매매하면서 매도인과 매수인 사이에 중도금 및 잔금은 매도인의 채권자에게 직접 지급하기로 약정한 경우, 그 약정은 매도인의 채권자로 하여금 매수인에 대하여 그 중도금 및 잔금에 대한 직접청구권을 행사

할 권리를 취득케 하는 제3자를 위한 계약에 해당하고 동시에 매수인이 매도인의 그 제3자에 대한 채무를 인수하는 병존적 채무인수에도 해당한다고 본 사례.

조지사2 p388 문제 58번 / 민판2 p388 p390 / 진모 19회 40번 학생D 지문

ㄴ. [正] 제3자가 제3자를 위한 계약을 체결할 당시 현존하거나 권리능력자이어야 하는지 여부를 묻는 지문이다. 제3자는 수익의 의사표시를 통하여 권리를 취득하게 되는데, 권리를 취득할 당시에 권리능력자이면 족하다. 따라서 설립 중 법인을 제3자로 하여 제3자를 위한 계약을 체결할 수도 있고, 나아가 아직 형성되지 아니한 비법인 사단을 제3자로 하여 제3자를 위한 계약을 체결할 수도 있다.
[大判 1960. 7. 21. 4292민상773] 재단법인의 설립준비 중 제3자가 그 설립자에 대하여 장차 설립될 동 법인의 설립을 조건으로 하고 동 법인에 무상으로 재산을 출연할 것을 약정하였다든가 <u>동 법인을 수익자로 하는 제3자를 위한 재산출연에 관한 계약을 하였을 경우</u>에는 그 각 재산이 동 법인의 기부행위에 기재되지 아니하였다 할지라도 동 법인은 전자에 있어서는 그 설립과 동시에 당연히, 후자에 있어서는 <u>설립 후의 수익의 의사표시에 의하여 동 재산상의 권리를 취득하게 된다.</u>

민판2 p373 / 진모 1회 21번 ㉠지문의 해설 참조 / 진모 19회 35번 ㉺지문 참조

ㄷ. [正] 수익자에 대하여 급부의무를 부담하는 낙약자가 요약자와 수익자 사이의 법률관계에 기한 항변으로 대항할 수 있는지 여부를 묻는 지문이다. 이는 낙약자가 부담하는 급부의무가 어떠한 법률관계에 기초하여 발생하는가의 문제이다. 요약자와 낙약자 사이의 법률관계(기본관계 혹은 보상관계)를 기초로 하여 낙약자의 수익자에 대한 급부의무가 발생하고, 그 관계에 의하여 영향을 받는다. 따라서 요약자와 수익자 사이의 관계가 흠결되었다고 하더라도 낙약자는 수익자에 대한 급부의무를 면할 수 없다.
[大判 2003. 12. 11. 2003다49771] 제3자를 위한 계약의 체결 원인이 된 요약자와 제3자(수익자) 사이의 법률관계(이른바 대가관계)의 효력은 제3자를 위한 계약 자체는 물론 그에 기한 요약자와 낙약자 사이의 법률관계(이른바 기본관계)의 성립이나 효력에 영향을 미치지 아니하므로 낙약자는 요약자와 수익자 사이의 법률관계에 기한 항변으로 수익자에게 대항하지 못하고, 요약자도 대가관계의 부존재나 효력의 상실을 이유로 자신이 기본관계에 기하여 낙약자에게 부담하는 채무의 이행을 거부할 수 없다.

조지사2 p392 문제 70번 / 민판2 p375 / 진모 19회 40번 학생C 지문

ㄹ. [誤] 수익자가 선의의 제3자 보호규정에 의하여 보호되는지 여부를 묻는 지문이다. 일반적으로 제3자는 법률관계 당사자와 그의 포괄승계인 이외의 자를 말하지만, 대법원은 민법 제108조 제2항에 의하여 보호되는 제3자는 "허위표시의 당사자와 포괄승계인 이외의 자로서 허위표시에 의하여 외형상 형성된 법률관계를 토대로 실질적

으로 새로운 법률상 이해관계를 맺은 자"라고 하여 제3자의 범위를 목적론적으로 축소해석하고 있다(大判 2000. 7. 6, 99다51258). 제3자를 위한 계약의 수익자는 기본관계의 효과를 직접 향유하는 자일 뿐 기본관계에 따라 발생한 법률효과에 기초하여 다시 새로운 이해관계를 맺은 자가 아니다. 따라서 허위표시로부터 보호되는 제108조 제2항 소정의 제3자에 해당하지 않는다.

> 조지사2 p260 문제 17번 / 민판1 p197 / 진모 4회 9번 ㉠지문 참조

ㅁ. [誤] 제3자를 위한 계약관계가 낙약자의 채무불이행으로 인하여 해제되었을 경우, 수익자가 낙약자에 대하여 손해배상을 청구할 수 있는지를 묻는 지문이다. 해제에도 불구하고 채무불이행으로 인한 손해배상청구권은 존속한다(제551조). 수익자의 급부청구권의 변형 혹은 확장물로서 손해배상청구권은 수익자에게 여전히 귀속한다.
[大判 1994. 8. 12, 92다41559] 제3자를 위한 계약에 있어서 <u>수익의 의사표시를 한 수익자는 낙약자에게 직접 그 이행을 청구할 수 있을 뿐만 아니라 요약자가 계약을 해제한 경우에는 낙약자에게 자기가 입은 손해의 배상을 청구할 수 있는 것이므로</u>, 수익자가 완성된 목적물의 하자로 인하여 손해를 입었다면 수급인은 그 손해를 배상할 의무가 있다(필자 註 : 대한민국이 서울특별시를 위하여 건설회사와의 사이에 난지도 쓰레기처리장 건설공사계약을 체결한 이상 그 계약의 당사자는 대한민국과 건설회사이고 서울특별시는 위 계약상의 수익자이며, 난지도 쓰레기처리시설의 건설이 서울특별시의 사업으로서 그 기본계획의 입안, 부지의 선정 및 제공, 입찰안내서의 작성, 공사비의 지출, 관리비의 지출 등 계약체결을 제외한 모든 것이 실질적으로 서울특별시에 의하여 이루어졌을 뿐 아니라 완성된 시설 또한 서울특별시에 귀속된다고 하여 서울특별시가 쓰레기처리장 건설공사계약의 당사자가 되는 것은 아니라고 본 사례).

> 조지사2 p391 문제 68번 / 민판2 p375 / 진모 19회 35번 ㉠지문 / 진모 19회 39번 ㉣지문

ㅂ. [正] 요약자의 해제에 제3자(수익자)의 동의가 필요한지 여부를 묻는 지문이다. 특히 제3자가 수익의 의사표시를 하여 그 권리가 확정된 후에도 요약자는 제3자의 동의 없이 기본계약관계를 해제할 수 있는지가 문제된다. 견해의 대립이 있으나, 대법원은 제3자의 동의가 없더라도 계약을 해제할 수 있다고 본다.
[大判 1970. 2. 24, 69다1410] 제3자를 위한 유상 쌍무계약의 경우 요약자는 낙약자의 채무불이행을 이유로 제3자의 동의 없이 계약을 해제할 수 있다.

> 조지사2 p393 문제 74번 / 민판2 p374

ㅅ. [正] 제3자를 위한 계약이 해제된 경우, 제3자의 원상회복의무가 인정되는지 여부를 묻는 지문이다. 수익자에 대한 급부 후에 기본계약관계가 해제되었을 경우, 부당이득반환의 본질을 가지는 원상회복관계의 당사자가 누구인가 하는 문제이다. 원상회복관계의 당사자는 기본계약관계의 당사자가 되는 것이 원칙이다. 낙약자는 요약자에 대하여 원상회복을 청구하여야 하며, 수익자에 대하여 원상회복을 청구할 수는

없다. 특별한 사정이 없는 한 제3자는 원상회복의무를 부담하지 않는다.
[大判 2005. 7. 22. 2005다7566·7573] 제3자를 위한 계약관계에서 낙약자와 요약자 사이의 법률관계(이른바 기본관계)를 이루는 계약이 해제된 경우 그 계약관계의 청산은 계약의 당사자인 낙약자와 요약자 사이에 이루어져야 하므로, **특별한 사정이 없는 한 낙약자가 이미 제3자에게 급부한 것이 있더라도 낙약자는 계약해제에 기한 원상회복 또는 부당이득을 원인으로 제3자를 상대로 그 반환을 구할 수 없다.**

조지사2 p396 문제 3-(1) / 민판2 p376 / 진모 19회 40번 학생G 지문 참조

정답 ③

28. 배점 2

서울에 사는 甲은 부산에 사는 乙의 소장예술품 중 A 그림을 구입하고 싶어서 乙에게 구입 의사를 표시하는 편지를 보냈다(6. 1. 발송, 6. 5. 도달). 이 경우에 甲과 乙 사이의 A 그림에 대한 매매계약의 성립 여부 및 그 시기에 관한 설명 중 옳은 것을 모두 고른 것은? (연도는 모두 같음)

> ㄱ. 甲의 편지가 "A 그림을 사고 싶다."는 것이었고, 乙이 이에 "100만 원을 준다면 A 그림을 팔겠다."고 답신하였다(6. 7. 발송, 6. 10. 도달). 그러자 甲이 "100만 원이라면 기꺼이 사겠다."라는 편지를 보냈다면(6. 11. 발송, 6. 13. 도달) A 그림의 매매계약은 6. 11. 성립하였다.
> ㄴ. 甲의 편지가 "A 그림을 80만 원에 사고 싶다."는 것이었고, 乙도 甲에게 "A 그림을 80만 원에 팔고 싶다."는 편지를 보냈다(6. 2. 발송, 6. 6. 도달). 그러나 乙이 甲의 편지를 받고 나서 마음을 바꾸어 "A 그림을 100만 원이 아니면 팔지 않겠다."고 답신하였다면(6. 7. 발송, 6. 10. 도달) A 그림의 매매계약은 아직 성립하지 않았다.
> ㄷ. 甲의 편지가 "A 그림을 100만 원에 사고 싶다."는 것이었고, 乙이 甲에게 "A 그림을 60만 원에 팔고 싶다."는 편지를 보냈다면(6. 2. 발송, 6. 6. 도달), A 그림의 매매계약은 대금 60만 원으로 6. 2. 성립하였다.

① ㄱ ② ㄴ ③ ㄷ ④ ㄱ, ㄴ
⑤ ㄱ, ㄷ ⑥ ㄴ, ㄷ ⑦ ㄱ, ㄴ, ㄷ ⑧ 모두 옳지 않음

해설

ㄱ. [正] 6. 1. 발송한 甲의 편지가 청약인가 청약의 유인인가를 묻는 지문이다. 6. 1. 발송한 甲의 편지가 청약이라면 이에 대응하는 乙의 승낙이 발송된 6. 7. 계약이 성립하게 된다. 그러나 6. 1. 발송한 甲의 편지가 청약의 유인이라면 乙이 6. 7. 발송한 의사표시가 청약으로 되고 이에 대응한 6. 11. 발송한 甲의 편지가 승낙으로 되어 계

약은 6. 11. 성립한 것으로 된다. 어떠한 의사표시가 청약으로 되기 위해서는 계약의 본질적 내용에 대한 확정성과 그 의사표시에 구속되겠다는 확정적 구속의사가 있어야 한다. 甲이 6. 1. 발송한 편지에는 매매계약의 본질적 요소인 가격에 관한 확정성이 결여되어 있다. 따라서 이는 청약으로 볼 수 없고, 청약의 유인으로 보아야 한다. 그렇다면 계약은 甲이 승낙을 한 6. 11. 발송한 편지에 의하여 성립한다. 계약은 승낙통지가 발송된 때에 성립하므로(제531조) 6. 11. 성립하였다.

> 조지사2 p350 문제 8번 p360 문제 2-(1)번 (2)번 / 진모 19회 10번 ㉣지문 유사 11번 ㉢지문 ㉣지문 해설 참조

ㄴ. [誤] 교차청약에 의하여 계약이 성립하기 위한 요건을 묻는 지문이다. 당사자 간에 동일한 내용의 청약이 상호 교차된 경우에는 양 청약이 상대방에게 도달한 때에 계약이 성립한다(제533조). 甲의 편지는 6. 1. 발송되었고, 6. 5. 도달되었다. 乙의 편지는 甲의 편지가 도달되기 전인 6. 2. 발송되었고, 6. 6. 도달되었다. 乙의 의사표시는 甲의 의사표시에 대응하는 의사표시가 아니므로 이를 승낙이라고 볼 수는 없다. 결국 계약의 청약이 상호 교차하는 경우라고 보아야 한다. 양 청약의 내용이 동일하므로 양 청약이 도달된 때인 6. 6. 계약은 성립하게 된다. 甲이 6. 7. "A 그림을 100만 원이 아니면 팔지 않겠다."는 답신은 계약의 성립에 영향을 주지 못한다. 이미 계약이 성립하였기 때문이다.

> 조지사2 p350 문제 10번 참조 p358 문제 1-(1) 참조 / 진모 19회 10번 ㉥ ㉠지문 참조

ㄷ. [誤] 교차청약에 의한 계약의 성립요건을 묻는 지문이다. 6. 2. 발송된 乙의 의사표시는 甲의 의사표시에 대응한 의사표시가 아니므로 승낙이 아니다. 甲의 의사표시와 乙의 의사표시는 모두 청약이며, 그 내용이 동일하지 아니하므로 교차청약에 의하여 계약이 성립되었다고 볼 수는 없다.

> 조지사2 p350 문제 10번 참조 p355 문제 14 참조 / 진모 19회 10번 ㉥ ㉠지문 참조

정답 ①

29. 배점 3 무권대리와 표현대리에 관한 설명 중 옳은 것(○)과 옳지 않은 것(×)을 바르게 표시한 것은? (다툼 있으면 판례에 의함)

> ㄱ. 일방 당사자가 대리인을 통하여 계약을 체결하는 경우, 대리인을 통하여 본인과의 사이에 계약을 체결하려는 계약 상대방의 의사만 인정되면, 대리권의 존부와 관계없이 본인과 상대방이 계약의 당사자가 된다.

ㄴ. 민법 제125조의 대리권수여의 표시에 의한 표현대리는, 어떤 자가 본인을 대리하여 제3자와 법률행위를 함에 있어 그 자와 본인 사이의 유효한 법률관계를 기초로 본인이 그 자에게 대리권을 수여하였다는 표시를 한 경우에 한하여 성립한다.

ㄷ. 복대리인 선임권 없는 대리인이 선임한 복대리인이 대리인의 권한 밖의 법률행위를 한 경우, 상대방이 그 행위자를 대리권을 가진 대리인으로 믿었고 또한 그렇게 믿은 데 정당한 이유가 있는 때에는 그 법률행위는 본인에게 효력이 발생한다.

ㄹ. 표현대리는 무권대리행위의 효과를 본인에게 미치게 하는 제도로서, 표현대리가 성립하면 무권대리의 성질이 유권대리로 전환되므로, 유권대리에 관한 주장 속에는 표현대리의 주장이 포함되어 있다.

ㅁ. 무권대리인 甲이 본인 乙의 부동산을 무권대리임을 모르는 丙에게 임의로 매도한 후 소유권이전등기를 마친 경우, 甲이 乙을 상속하였음을 이유로 甲 스스로 위 부동산 매매계약이 무권대리행위임을 주장하여 이미 경료된 소유권이전등기의 말소를 청구하는 것은 신의칙에 반한다.

① ㄱ(○), ㄴ(×), ㄷ(○), ㄹ(×), ㅁ(○)
② ㄱ(×), ㄴ(×), ㄷ(×), ㄹ(○), ㅁ(○)
③ ㄱ(○), ㄴ(○), ㄷ(○), ㄹ(○), ㅁ(×)
④ ㄱ(○), ㄴ(×), ㄷ(○), ㄹ(×), ㅁ(×)
⑤ ㄱ(×), ㄴ(×), ㄷ(○), ㄹ(×), ㅁ(○)
⑥ ㄱ(○), ㄴ(○), ㄷ(×), ㄹ(○), ㅁ(○)
⑦ ㄱ(×), ㄴ(○), ㄷ(○), ㄹ(×), ㅁ(×)
⑧ ㄱ(×), ㄴ(○), ㄷ(×), ㄹ(○), ㅁ(×)

해설

ㄱ. [正] 대리행위로 인한 효과귀속 주체가 누구인가를 확정하는 기준을 묻는 지문이다. 대리인을 통하여 계약을 체결하는 경우, 계약의 당사자가 행위자인 대리인인가 아니면 본인인가 하는 문제가 발생할 수 있다. 이는 당사자 확정의 문제인데, 그 확정기준은 당사자의 의사이다. 상대방이 본인과의 사이에서 계약을 체결하여 계약관계를 형성하고자 한다면 대리권의 존부와는 무관하게 그 계약관계의 당사자는 본인과 상대방이 된다. 다만 행위자인 대리인에게 대리권이 존재하지 아니하는 경우, 무권대리에 따른 효과가 발생할 수는 있다.

[大判 2003. 12. 12, 2003다44059] 일방 당사자가 대리인을 통하여 계약을 체결하는 경우에 있어서 계약의 상대방이 대리인을 통하여 본인과 사이에 계약을 체결하려는 데 의사가 일치하였다면 대리인의 대리권 존부 문제와는 무관하게 상대방과 본인이 그 계약의 당사자이다.

ㄴ. [誤] 제125조 표현대리의 요건으로서 수권표시를 묻는 지문이다. 수권표시는 본인에 의한 표시이며, 행위자인 대리인에게 대리권을 수여하였음을 상대방에게 표시하는 것이다. 행위자와 본인 사이의 기본적인 법률관계의 성질이나 효력과는 관계가 없이 대리권을 수여하였다는 사실을 표시한 경우에 성립한다. 반드시 유효한 법률관계를 전제로 하지 않는다.
[大判 2001. 8. 21. 2001다31264] 민법 제125조가 규정하는 대리권 수여의 표시에 의한 표현대리는 본인과 대리행위를 한 자 사이의 기본적인 법률관계의 성질이나 그 효력의 유무와는 관계가 없이 어떤 자가 본인을 대리하여 제3자와 법률행위를 함에 있어 본인이 그 자에게 대리권을 수여하였다는 표시를 제3자에게 한 경우에 성립하는 것이고, 이때 서류를 교부하는 방법으로 민법 제125조 소정의 대리권 수여의 표시가 있었다고 하기 위하여는 본인을 대리한다고 하는 자가 제출하거나 소지하고 있는 서류의 내용과 그러한 서류가 작성되어 교부된 경위나 형태 및 대리행위라고 주장하는 행위의 종류와 성질 등을 종합하여 판단하여야 할 것이다.

ㄷ. [正] 복임권 없는 대리인에 의하여 선임된 복대리인이 권한 외의 법률행위를 한 경우, 제126조의 표현대리가 성립할 수 있는지를 묻는 지문이다. 복대리행위에 대해서도 표현대리 규정이 적용된다는 것이 대법원의 입장이다.
[大判 1998. 3. 27. 97다48982] 대리인이 사자 내지 임의로 선임한 복대리인을 통하여 권한 외의 법률행위를 한 경우, 상대방이 그 행위자를 대리권을 가진 대리인으로 믿었고 또한 그렇게 믿는 데에 정당한 이유가 있는 때에는, 복대리인 선임권이 없는 대리인에 의하여 선임된 복대리인의 권한도 기본대리권이 될 수 있을 뿐만 아니라, 그 행위자가 사자라고 하더라도 대리행위의 주체가 되는 대리인이 별도로 있고 그들에게 본인으로부터 기본대리권이 수여된 이상, 민법 제126조를 적용함에 있어서 기본대리권의 흠결 문제는 생기지 않는다.

ㄹ. [誤] 유권대리에 관한 주장 속에 표현대리에 관한 주장이 포함되어 있는지 여부를 묻는 지문이다. 이는 표현대리가 무권대리의 일종인지 아니면 유권대리의 일종인지를 묻는 것이다. 통설과 판례는 표현대리를 무권대리의 일종으로 파악하여 유권대리에 관한 주장 속에는 그 법적 성질을 달리 하는 무권대리의 일종으로서 표현대리에 관한 주장은 포함되지 아니하는 것으로 이해한다.
[大判(全) 1983. 12. 13. 83다카1489] 양자의 구성요건 해당사실은 서로 다르다고 볼 수밖에 없으므로 유권대리에 관한 주장 속에 무권대리에 속하는 표현대리의 주장이 포함되어 있다고 볼 수 없다.

ㅁ. [正] 무권대리인이 본인을 상속한 후, 본인의 지위에서 추인거절권을 행사하는 것이 허용되는지 여부 및 허용되지 아니한다면 그 근거를 묻는 지문이다. 대법원은 비록 무권대리인이 본인을 상속하더라도 본인의 지위와 무권대리인의 지위는 병존하나, 본인 지위에서 스스로 행한 무권대리행위의 효력을 부정하는 추인거절권 행사는 신의칙에 반한다는 입장이다.
[大判 1994. 9. 27, 94다20617] 甲이 대리권 없이 乙 소유 부동산을 丙에게 매도하여 부동산소유권이전등기등에관한특별조치법에 의하여 소유권이전등기를 마쳐주었다면 그 매매계약은 무효이고 이에 터잡은 이전등기 역시 무효가 되나, 甲은 乙의 무권대리인으로서 민법 제135조 제1항의 규정에 의하여 매수인 丙에게 부동산에 대한 소유권이전등기를 이행할 의무가 있으므로 그러한 지위에 있는 甲이 乙로부터 부동산을 상속받아 그 소유자가 되어 소유권이전등기이행의무를 이행하는 것이 가능하게 된 시점에서 자신이 소유자라고 하여 자신으로부터 부동산을 전전매수한 丁에게 원래 자신의 매매행위가 무권대리행위여서 무효였다는 이유로 丁 앞으로 경료된 소유권이전등기가 무효의 등기라고 주장하여 그 등기의 말소를 청구하거나 부동산의 점유로 인한 부당이득금의 반환을 구하는 것은 금반언의 원칙이나 신의성실의 원칙에 반하여 허용될 수 없다.

조지사1 p365 문제 2-(2) / 민판1 p301 / 진모 5회 37번 ㉡지문
진모 27회 34번 ㉡지문 / 가족법강의 p282 ②무권대리인이 본인을 상속한 경우

정답 ①

30. [배점 3] 무효에 관한 설명 중 옳은 것(O)과 옳지 않은 것(×)을 바르게 표시한 것은? (다툼 있으면 판례에 의함)

ㄱ. 법률행위의 일부가 강행법규의 위반으로 무효인 경우, 그 법규가 일부무효의 효력을 규정하는 경우에는 그에 의하고, 그 규정이 없으면 원칙적으로 일부무효에 관한 민법 제137조의 규정이 적용될 것이나, 당해 효력규정과 그 규정을 둔 법의 입법 취지를 고려하여 나머지 부분의 효력을 결정하여야 한다.
ㄴ. 복수의 당사자가 중간생략등기의 합의를 한 경우, 그 합의는 전체로서 일체성을 가지며, 그중 한 당사자의 의사표시가 무효일 경우 나머지 당사자 사이의 합의의 유효성은 민법의 일부무효의 법리에 의하여 결정한다.
ㄷ. 매매대금의 과다로 말미암아 매매계약이 민법 제104조가 정하는 불공정한 법률행위로서 무효가 된 경우라도 무효행위의 전환에 관한 민법 제138조가 적용될 수 있다.

ㄹ. 「부동산 실권리자명의 등기에 관한 법률」의 위반으로 무효인 명의신탁등기는 조세포탈, 강제집행의 면탈 또는 법령상의 제한의 회피를 목적으로 하지 않은 경우, 그 후 명의신탁자가 수탁자와 혼인하면 그때부터 유효가 된다.

ㅁ. 무효행위의 추인은 무효행위를 뒤에 유효하게 하는 의사표시로, 무효행위를 치유하는 것이 아니라 그 의사표시에 의하여 그 무효행위를 새로운 행위로 하여 그때부터 유효하게 하는 것이므로 원칙적으로 소급효가 없다.

① ㄱ(○), ㄴ(○), ㄷ(×), ㄹ(○), ㅁ(×)
② ㄱ(○), ㄴ(○), ㄷ(○), ㄹ(○), ㅁ(○)
③ ㄱ(○), ㄴ(×), ㄷ(○), ㄹ(○), ㅁ(×)
④ ㄱ(×), ㄴ(×), ㄷ(○), ㄹ(○), ㅁ(○)
⑤ ㄱ(○), ㄴ(○), ㄷ(×), ㄹ(×), ㅁ(×)
⑥ ㄱ(×), ㄴ(○), ㄷ(×), ㄹ(×), ㅁ(○)
⑦ ㄱ(○), ㄴ(×), ㄷ(○), ㄹ(×), ㅁ(×)
⑧ ㄱ(×), ㄴ(×), ㄷ(○), ㄹ(×), ㅁ(○)

해설

ㄱ. [正] 법률행위의 일부가 강행법규 위반으로 무효인 경우, 나머지 부분의 효력을 판단하는 기준을 묻는 지문이다. 당해 효력법규에서 정한 바가 있으면 그 규정에 따라 나머지 부분의 효력이 결정된다. 당해 효력법규에서 별도로 정한 바가 없는 경우에는 제137조에 따라 원칙적으로 전부무효이고, 나머지 부분을 유지하려는 가정적 의사가 있는 경우에는 나머지 부분은 유효가 된다. 다만, 제137조에 따라 나머지 부분의 효력을 결정하는 것이 강행법규가 달성하고자 하는 입법목적을 좌절시키는 경우에는 강행법규의 취지에 따라 나머지 부분의 효력이 결정된다.

[大判 2008. 9. 11. 2008다32501] 민법 제137조는 임의규정으로서 의사자치의 원칙이 지배하는 영역에서 적용된다고 할 것이므로, 법률행위의 일부가 강행법규인 효력규정에 위반되어 무효가 되는 경우 그 부분의 무효가 나머지 부분의 유효·무효에 영향을 미치는가의 여부를 판단함에 있어서는 개별 법령이 일부무효의 효력에 관한 규정을 두고 있는 경우에는 그에 따라야 하고, 그러한 규정이 없다면 원칙적으로 민법 제137조가 적용될 것이나 당해 효력규정 및 그 효력규정을 둔 법의 입법취지를 고려하여 볼 때 나머지 부분을 무효로 한다면 당해 효력규정 및 그 법의 취지에 명백히 반하는 결과가 초래되는 경우에는 나머지 부분까지 무효가 된다고 할 수는 없다고 할 것이다(필자 註 : 의료법인이 허가받은 한도액을 초과하여 한 담보제공약정 중 일부가 허가받은 범위를 초과하여 의료법 규정에 따라 무효로 되는 경우 허가받은 나머지 담보제공약정 부분까지 무효로 된다고 볼 수 없다고 본 사례).

조지사1 p373 문제 13번/ 민판1 p309 / 진모 3회 22번 ㉣지문

ㄴ. [正] 중간생략등기의 합의를 구성하는 일부 당사자의 의사가 무효인 경우, 나머지 당사자 사이의 합의의 효력을 묻는 지문이다. 이 경우에도 제137조가 적용된다는 것이 대법원의 입장이다.
[大判 1996. 2. 27, 95다38875] 복수의 당사자 사이에 중간생략등기의 합의를 한 경우 그 합의는 전체로서 일체성을 가지는 것이므로, 그 중 한 당사자의 의사표시가 무효인 것으로 판명된 경우 나머지 당사자 사이의 합의가 유효한지의 여부는 민법 제137조에 정한 바에 따라 당사자가 그 무효 부분이 없더라도 법률행위를 하였을 것이라고 인정되는지의 여부에 의하여 판정되어야 할 것이고, 그 당사자의 의사는 실재하는 의사가 아니라 법률행위의 일부분이 무효임을 법률행위 당시에 알았다면 당사자 쌍방이 이에 대비하여 의욕하였을 가정적 의사를 말한다.

조지사1 p372 문제12번 / 민판1 p308 / 진모 6회 7번 ⓒ지문

ㄷ. [正] 불공정한 법률행위에 제138조의 무효행위 전환법리가 적용되는지를 묻는 지문이다. 무효행위 추인의 법리가 적용되지는 않지만, 무효행위 전환의 법리는 적용된다는 것이 대법원의 입장이다.
[大判 2010. 7. 15. 선고 2009다50308] 매매계약이 약정된 매매대금의 과다로 말미암아 민법 제104조에서 정하는 '불공정한 법률행위'에 해당하여 무효인 경우에도 무효행위의 전환에 관한 민법 제138조가 적용될 수 있다. 따라서 당사자 쌍방이 위와 같은 무효를 알았더라면 대금을 다른 액으로 정하여 매매계약에 합의하였을 것이라고 예외적으로 인정되는 경우에는, 그 대금액을 내용으로 하는 매매계약이 유효하게 성립한다. 이때 당사자의 의사는 매매계약이 무효임을 계약 당시에 알았다면 의욕하였을 가정적 효과의사로서, 당사자 본인이 계약 체결시와 같은 구체적 사정 아래 있다고 상정하는 경우에 거래관행을 고려하여 신의성실의 원칙에 비추어 결단하였을 바를 의미한다. 이와 같이 여기서는 어디까지나 당해 사건의 제반 사정 아래서 각각의 당사자가 결단하였을 바가 탐구되어야 하는 것이므로, 계약 당시의 시가와 같은 객관적 지표는 그러한 가정적 의사의 인정에 있어서 하나의 참고자료로 삼을 수는 있을지언정 그것이 일응의 기준이 된다고도 쉽사리 말할 수 없다. 이와 같이 가정적 의사에 기한 계약의 성립 여부 및 그 내용을 발굴·구성하여 제시하게 되는 법원으로서는 그 '가정적 의사'를 함부로 추단하여 당사자가 의욕하지 아니하는 법률효과를 그에게 또는 그들에게 계약의 이름으로 불합리하게 강요하는 것이 되지 아니하도록 신중을 기하여야 한다(필자 註 : 재건축사업부지에 포함된 토지에 대하여 재건축사업조합과 토지의 소유자가 체결한 매매계약이 매매대금의 과다로 말미암아 불공정한 법률행위에 해당하지만, 그 매매대금을 적정한 금액으로 감액하여 매매계약의 유효성을 인정한 사례).

2010년 상·하반기 판례 p19 / 진모 6회 18번 ㉠지문 ⓒ지문 참조

ㄹ. [正] 명의신탁자와 명의수탁자가 혼인한 경우, 기존의 무효인 명의신탁등기가 유효로 되는지 여부를 묻는 지문이다. 배우자 상호간의 명의신탁은 특별한 사정이 없는 한

허용되므로 명의신탁자와 명의수탁자가 혼인하면 무효사유가 제거되므로 그때부터 유효한 등기로 된다.

[大決 2002. 10. 28, 2001마1235] 부동산실권리자명의등기에관한법률 제8조 제2호는 배우자 명의로 부동산에 관한 물권을 등기한 경우로서 조세포탈, 강제집행의 면탈 또는 법령상 제한의 회피를 목적으로 하지 아니하는 경우에는 그 명의신탁약정과 그 약정에 기하여 행하여진 물권변동을 무효로 보지 않는다는 특례를 규정하고 있는 바, 본래 명의신탁등기가 부동산실권리자명의등기에관한법률의 규정에 따라 무효로 된 경우에도 그 후 명의신탁자가 수탁자와 혼인을 함으로써 법률상의 배우자가 되고 위 특례의 예외사유에 해당되지 않으면 그 때부터는 위 특례가 적용되어 그 명의신탁등기가 유효로 된다고 보아야 한다.

> 조지사1 p725 문제 23번 / 민판1 p615 / 진모 8회 13번 ⑤번 지문, 11회 7번 ㉠지문

ㅁ. [正] 무효행위 추인의 의미와 그 효과로서 소급효가 인정되는지 여부를 묻는 지문이다. 무효인 법률행위는 추인하여도 그 효력이 생기지 아니한다. 그러나 당사자가 그 무효임을 알고 추인한 때에는 새로운 법률행위로 본다(제139조). 무효행위 추인은 추인에 의하여 종전과 동일한 새로운 법률행위를 하는 것이고, 원칙적으로 소급효가 없다.

[大判 1992. 5. 12, 91다26546] 무효인 법률행위는 당사자가 무효임을 알고 추인할 경우 새로운 법률행위를 한 것으로 간주할 뿐이고 소급효가 없는 것이므로 무효인 가등기를 유효한 등기로 전용키로 한 약정은 그때부터 유효하고 이로써 위 가등기가 소급하여 유효한 등기로 전환될 수 없다.

> 조지사1 p384 문제 46번 / 민판1 p312 / 진모 6회 20번 ④번 지문

> 정답 ②

31. 배점 3 甲은 조세포탈, 강제집행의 면탈 또는 법령상 제한의 회피 목적 없이, 자신이 소유하고 있던 10층 건물을 편의상 배우자 乙 명의로 해둘 목적으로 乙에게 소유권이전등기를 해주었고, 乙은 위 건물을 이용하여 자신의 명의로 임대업을 하고 있다. 그런데 乙의 피용자로서 위 건물 경비 및 차임징수 업무를 보조하는 丙은 위조한 乙의 위임장을 제시하며 자신이 乙의 대리인이라고 말하고, 丁에게 위 건물의 X 부분을 임대기간 2007. 10. 1. - 2011. 9. 30.로 하여 임대하였다(표현대리는 불성립한다고 가정함). 丁은 2007. 10. 1. 丙으로부터 X 부분을 인도받아 2011. 2. 19. 현재까지 점유·사용하고 있다. 丙은 乙에게 허위로 보고하면서 丁이 매월 지급하는 임차료를 착복하였다. 丙의 무권대리행위와 착복사실을 알게 된 乙은 2010. 5. 1. 그 사실을 丁에게 알리고 丁에게 X 부분의

반환을 요구하였으나 丁은 이에 응하지 아니하고 있다. 甲, 乙, 丙, 丁 사이의 법률관계에 관한 설명 중 옳지 않은 것은? (다툼 있으면 판례에 의함.)

① 乙은 대외적 관계에서 건물의 소유자이므로 특별한 사정이 없는 한 소유권에 기하여 丁에게 X 부분의 반환을 청구할 수 있다.
② 丁이 2007. 10. 1.부터 2011. 2. 19.까지 법률상 원인 없이 乙의 건물을 점유·사용하고 이로 인하여 乙에게 손해를 입혔더라도, 丁이 자신에게 임차권이 있다고 믿은 데에 정당한 사유가 있다면, 丁은 위 기간 중 그 점유·사용에 따른 이득의 일부는 적법하게 취득할 수 있다.
③ 乙이 2010. 5. 2.부터 2011. 2. 19.까지 X 부분에 관하여 발생한 손해의 배상을 丁에게 불법행위책임에 기하여 청구할 경우, 丁은 그 배상의무가 없다.
④ 乙은 丙에게 손해배상을 청구할 수 있을 뿐만 아니라 丙과의 고용계약을 해지할 수 있다.
⑤ 丙의 무권대리행위로 인해 손해를 입은 경우에는 丁은 丙에 대하여는 불법행위책임을 물을 수 있고, 이때 乙에 대하여도 사용자책임을 물을 수 있다면 乙과 丙은 丁에게 부진정연대채무를 진다.

해설

* 허용되는 명의신탁 재산인 건물을 무권대리인이 임대한 경우에 발생할 수 있는 법률관계를 묻는 문제이다.

① [正] 명의수탁자가 무권대리인으로부터 점유를 이전받은 임차인에 대하여 소유물반환청구를 할 수 있는지를 묻는 지문이다. 명의신탁재산에 대한 소유물반환청구권자가 명의신탁자인가 아니면 명의수탁자인가를 묻는 것이다. 대외적 관계에서 명의신탁재산의 소유권자는 명의수탁자이다. 명의수탁자인 乙은 점유할 권원이 없는 丁에 대하여 소유물반환을 청구할 수 있다.
[大判(全) 1979. 9. 25, 77다1079] 재산을 타인에게 신탁한 경우 대외적인 관계에 있어서는 수탁자만이 소유권자로서 그 재산에 대한 제3자의 침해에 대하여 배제를 구할 수 있으며, 신탁자는 수탁자를 대위하여 수탁자의 권리를 행사할 수 있을 뿐 직접 제3자에게 신탁재산에 대한 침해의 배제를 구할 수 없다.

조지사1 p724 문제 17번 / 조지사2 p350 문제 7번 / 민판1 p581 / 진모 8회 3번 ⓒ지문 해설 참조

② [正] 점유할 권원은 없지만, 선의점유자인 丁이 소유권자인 乙에 대한 관계에서 점유·사용에 따른 이득을 보유할 수 있는지 여부를 묻는 지문이다. 선의의 점유자는 점유물의 과실을 취득한다(제201조 제1항). 선의점유자에게 과실취득권이 인정되는 범위에서 선의점유자가 취득한 과실은 부당이득이라고 볼 수 없다. 한편 물건의 점유·사용에 따른 이익은 과실에 준하여 취급된다. 점유할 권원이 없는 丁이지만, 소유자 乙이

소유물반환을 청구하기 전까지는 선의의 점유자로서 물건의 점유·사용에 따른 이익을 보유할 수 있다.

[大判 1996. 1. 26. 95다44290] 민법 제201조 제1항에 의하면 선의의 점유자는 점유물의 과실을 취득한다고 규정하고 있는 바, 건물을 사용함으로써 얻는 이득은 그 건물의 과실에 준하는 것이므로, 선의의 점유자는 비록 법률상 원인 없이 타인의 건물을 점유·사용하고 이로 말미암아 그에게 손해를 입혔다고 하더라도 그 점유·사용으로 인한 이득을 반환할 의무는 없다.

조지사1 p197 문제 45번 p625 문제 42번 / 민판1 p504 / 진모 9회 36번 ⓔ지문

③ [誤] 소유자 乙로부터 반환을 요구받은 점유자 丁이 이에 응하지 아니하고 계속해서 점유하고 있는 상태가 乙에 대한 관계에서 불법점유에 해당하여 불법행위를 구성하는지 여부를 묻는 지문이다. 丁은 무권대리인 丙과 임대차계약을 체결하고, 丙으로부터 X부분을 인도받아 사용·수익하고 있다. 丙과의 임대차계약은 무권대리행위로서 무효이므로 丁은 임차권을 취득하지 못하였다. 丁의 점유는 점유할 권원을 가지고 있지 아니한 점유가 된다. 소유자 乙에 대한 관계에서 丁의 점유는 위법한 점유가 된다. 한편, 소유자 乙로부터 인도를 요구받은 후에는 丁 또한 자신의 점유가 위법한 점유라는 사실을 알게 되었다고 보아야 한다. 즉, 위법하게 점유하는 것에 대한 귀책사유도 존재한다. 결국 인도를 요구받은 후에도 丁이 계속하여 점유하는 것은 소유자 乙에 대한 관계에서 불법행위를 구성하게 되고, 丁은 乙에 대하여 손해배상책임을 부담하게 된다.

조지사1 p626 문제 42참조

④ [正] 무권대리행위를 한 경우, 본인이 무권대리인에게 행사할 수 있는 권리수단을 묻는 지문이다. 본인 乙과 무권대리인 丙 사이에는 고용계약관계가 존재하는 바, 丙의 무권대리행위는 乙에 대하여 고용계약관계상 부담하는 의무를 위반하는 행위가 된다. 결국 丙은 乙에 대하여 채무불이행에 따른 손해배상책임을 부담하며, 乙은 나아가 丙의 채무불이행을 이유로 고용계약관계를 해지할 수 있다.

⑤ [正] 피용자의 불법행위책임과 사용자책임이 모두 성립하는 경우, 손해배상채무 상호간의 관계를 묻는 지문이다. 부진정연대채무관계라는 것이 대법원의 입장이다.

조지사2 p696 문제 43번 / 민판2 p688 / 진모 18회 12번 ⓔ지문

정답 ③

32. 甲의 채권자대위권에 관한 다음의 사례에서 옳은 것을 모두 고른 것은? (다툼 있으면 판례에 의함)

ㄱ. 주택의 임대인 乙에 대한 임차인 丙의 보증금반환채권을 양수한 甲이 그 이행을 청구하기 위하여 丙의 주택 인도가 선이행되어야 할 필요가 있어서 乙을 대위하여 그 인도를 청구하기 위해서는 乙이 무자력일 것이 요구된다.

ㄴ. 채무자 乙에 대한 채권자 甲의 채권이 소멸시효가 완성되었음에도 불구하고 甲이 제3채무자 丙을 상대로 채권자대위권을 행사한 경우, 丙은 피보전채권에 관한 소멸시효 완성의 항변으로 대항할 수 없다.

ㄷ. 미등기인 X 토지에 대한 甲의 취득시효가 완성된 후 제3자 丙이 그 X 토지에 대해 원인무효의 소유권보존등기를 경료한 경우, 그 X 토지의 진정한 소유자가 성명불상자라 하여도 甲은 그를 대위하여 丙에게 등기말소를 청구할 수 있다.

ㄹ. 채권자 甲이 채무자 乙을 대위하여 제3채무자 丙을 상대로 丙의 A 부동산에 대한 처분금지가처분결정을 받은 경우, 乙이 그러한 채권자대위권의 행사 사실을 알게 된 이후에 乙과 丙이 A 부동산에 대한 매매계약을 합의해제하더라도 이로써 甲에게 대항할 수 없다.

ㅁ. 채권자 甲이 채무자 乙을 대위하여 제3채무자 丙에게 그 명의의 소유권이전등기의 말소절차를 직접 자기에게 이행할 것을 청구한 경우, 법원은 丙에 대하여 甲에게 직접 말소등기절차를 이행하도록 명할 수는 없다.

① ㄱ, ㄴ, ㄹ   ② ㄱ, ㄴ, ㅁ   ③ ㄴ, ㄷ, ㄹ
④ ㄷ, ㄹ, ㅁ   ⑤ ㄴ, ㄷ, ㅁ

해설

ㄱ. [誤] 보전필요성의 요건으로서 무자력이 필요한지 여부를 묻는 지문이다. 금전채권을 보전하기 위하여 채권자대위권을 행사하는 경우에는 원칙적으로 채무자의 무자력이 보전필요성의 요건으로 되지만, 금전채권의 실현이 채무자의 자력여부와 무관한 경우에는 채무자의 무자력이 보전필요성의 요건으로 되지 아니한다. 보증금채권 양수인 甲이 임대인 乙을 대위하여 임차인 丙에 대하여 명도청구권을 행사하는 경우, 보증금채권의 실현여부는 채무자인 임대인 乙의 자력여부와 관련된 것이 아니라 보증금채무와 동시이행관계에 있는 주택의 인도가 이행되었는지 여부와 관련된 것이므로 채무자인 임대인의 자력여부는 보전필요성의 요건이 되지 아니한다.
[大判 1989. 4. 25. 88다카4253] 채권자가 자기 채권을 보전하기 위하여 채무자의 권리를 행사하려면 채무자의 무자력을 요건으로 하는 것이 통상이지만 임대차보증금반환채권을 양수한 채권자가 그 이행을 청구하기 위하여 임차인의 가옥명도가 선이행되어야 할 필요가 있어서 그 명도를 구하는 경우에는 그 채권의 보전과 채무자인 임

대인의 자력유무는 관계가 없는 일이므로 무자력을 요건으로 한다고 할 수 없다.

조지사2 p195 문제 23번 / 민판2 p190 / 진모 17회 15번 ㉠지문

ㄴ. [正] 제3채무자가 피보전채권의 시효소멸을 항변할 수 있는지 여부를 묻는 지문이다. 피보전채권의 소멸시효가 완성되었더라도 그에 따라 직접 이익을 받는 자는 채무자이며, 제3채무자는 직접 수익자에 해당하지 아니한다. 소멸시효 원용권은 직접 수익자인 채무자가 취득한다. 제3채무자는 채무자의 소멸시효 원용권을 항변으로 주장할 수 없다.
[大判 1992. 11. 10, 92다35899] 채권자대위권에 기한 청구에서 제3채무자는 채무자가 채권자에 대하여 가지는 항변으로 대항할 수 없을 뿐더러 채권의 소멸시효가 완성된 경우 이를 원용할 수 있는 자는 시효이익을 직접 받는 자만이고 제3채무자는 이를 행사할 수 없다.

조지사2 p210 문제 40번 / 민판2 p198 / 진모 11회 28번 ㉢지문

ㄷ. [正] 취득시효 완성자가 성명불상자를 대위하여 원인무효 등기의 말소를 청구할 수 있는지 여부를 묻는 지문이다. 채권자대위권을 행사하기 위한 채무자의 특정정도를 묻는 것이다. 채권자대위권을 행사하기 위해서는 채무자가 특정되어야 하지만, 피대위권리가 어떠한 권리인지를 판단할 수 있는 정도로 특정하면 족하다. 따라서 취득시효 완성당시의 소유자가 성명불상자라고 하더라도 피대위권리가 어떤 권리인지를 판단할 수는 있다. 따라서 성명불상자를 대위하여 등기말소를 청구하는 것도 허용된다.
[大判 1992. 2. 25, 91다9312] 채권자대위권 행사의 요건인 "채무자가 스스로 그 권리를 행사하지 않을 것"이라 함은 채무자의 제3채무자에 대한 권리가 존재하고 채무자가 그 권리를 행사할 수 있는 상태에 있으나 스스로 그 권리를 행사하고 있지 아니하는 것을 의미하고, 여기서 권리를 행사할 수 있는 상태에 있다는 뜻은 권리 행사를 할 수 없게 하는 법률적 장애가 없어야 한다는 뜻이며 채무자 자신에 관한 현실적인 장애까지 없어야 한다는 뜻은 아니고 채무자가 그 권리를 행사하지 않는 이유를 묻지 아니하므로 미등기 토지에 대한 시효취득자가 제3자 명의의소유권보존 등기가 원인무효라 하여 그 등기의 말소를 구하는 경우에 있어 채무자인 진정한 소유자가 성명불상자라 하여도 그가 위 등기의 말소를 구하는데 어떤 법률적 장애가 있다고 할 수는 없어 그 채권자대위권 행사에 어떤 법률적 장애가 될 수 없다.
[大判 2004. 11. 26, 2004다40986] 채권자대위소송에서 피대위자인 채무자의 특정이 필요한 사항이기는 하나, 이는 피보전채권과 대위행사할 채권의 존부를 판단하고, 판결의 효력이 미칠 주관적 범위와 집행력이 미치는 범위를 정하며 채무자 본인이 제기할 소송이 중복소송에 해당하는지 여부를 판단하기 위하여 요구되는 것이므로, 채무자가 제대로 특정되었는지 여부는, 당해 채권자대위소송의 소송물이 갖는 성격과 채무자 특정의 난이도 및 소송 과정에서 드러난 사안의 특성 등에 비추어, 그 특정한 정도가 위에서 든 목적들을 달성하는 데 충분한지 검토한 후 그 결과에 따라

구체적·개별적으로 결정하면 될 일이지 <u>반드시 모든 경우에 일률적으로 채무자 개개인의 인적 사항을 통상의 소송당사자와 같은 정도로 상세히 특정하여야 하는 것은 아니다</u>(필자 註 : 소유권이전등기의 말소등기를 구하는 채권자대위소송에 있어서 피대위자인 채무자들을 개인별로 상세히 특정하지 아니한 채 그 상속인들 또는 그 중 한 사람만을 채무자로 특정·제기한 소송이 부적법하다고 한 원심판결을 파기한 사례).

조지사2 p199 문제 35번 / 민판2 p195 / 진모 17회 10번 Ⓐ지문 14번 Ⓒ지문

ㄹ. [正] 채권자대위권 행사사실을 채무자가 알게 된 후, 제3채무자가 피대위권리의 발생원인인 계약관계가 합의해제 되었음을 항변할 수 있는지 여부를 묻는 지문이다. 채권자대위권 행사사실이 통지되거나 혹은 채무자가 채권자대위권 행사사실을 알게 된 후에는 채무자의 처분이 제한되는데(제405조), 채무자와 제3채무자가 피대위권리의 발생원인인 계약을 합의해제 하는 것이 채무자의 처분에 해당하여 그 처분으로 대위채권자에게 대항하지 못하는지가 본 지문의 쟁점이다. 합의해제는 채무자의 의사관여를 요건으로 하므로 채무자의 처분에 포함된다고 보아야 한다.
[大判 1996. 4. 12. 95다54167] 채권자대위권의 행사에 있어서 채무자가 채권자대위권을 행사한 점을 알게 된 이후에는 채무자가 그 권리를 처분하여도 이로써 채권자에게 대항할 수 없으므로, <u>채권자가 채무자를 대위하여 제3채무자의 부동산에 대한 처분금지가처분을 신청하여 처분금지가처분 결정을 받은 경우</u>, 이는 그 부동산에 관한 소유권이전등기청구권을 보전하기 위한 것이므로 피보전권리인 소유권이전등기청구권을 행사한 것과 같이 볼 수 있어, <u>채무자가 그러한 채권자대위권의 행사사실을 알게 된 이후에 그 부동산에 대한 매매계약을 합의해제함으로써 채권자대위권의 객체인 그 부동산의 소유권이전등기청구권을 소멸시켰다 하더라도 이로써 채권자에게 대항할 수 없다.</u>

조지사2 p209 문제 5-(3) / 민판2 p197 / 진모 17회 9번 Ⓓ지문

ㅁ. [誤] 말소등기청구권을 대위행사하는 경우, 대위채권자에게 변제수령권이 인정되는지를 묻는 지문이다. 대위채권자에게는 피대위권리에 관한 변제수령권이 인정된다고 보는 것이 대법원의 입장이다. 말소등기청구권을 대위행사하는 경우에도 마찬가지이다. 따라서 대위소송의 법원은 제3채무자에게 대위채권자에 의한 말소등기절차에 협력할 것을 명할 수 있다.
[大判 1996. 2. 6. 95다27998] 채권자대위권을 행사함에 있어서 채권자가 제3채무자에 대하여 자기에게 직접 급부를 요구하여도 상관없는 것이고 자기에게 급부를 요구하여도 어차피 그 효과는 채무자에게 귀속되는 것이므로, 채권자대위권을 행사하여 채권자가 제3채무자에게 그 명의의 소유권보존등기나 소유권이전등기의 말소절차를 직접 자기에게 이행할 것을 청구하여 승소하였다고 하여도 그 효과는 원래의 소유자인 채무자에게 귀속되는 것이니, <u>법원이 채권자대위권을 행사하는 채권자에게 직접 말소등기 절차를 이행할 것을 명하였다고 하여 무슨 위법이 있다고 할 수 없다.</u>

조지사2 p201 문제 42번 / 민판2 p199 / 진모 17회 10번 ⓔ지문

정답 ③

33. 배점 2 파양에 관한 설명 중 옳지 않은 것은? (다툼 있으면 판례에 의함)

① 양부모나 양자가 금치산자인 때에는 그가 의사능력을 회복하고 있더라도 후견인의 동의를 얻어야 재판상 파양을 청구할 수 있다.
② 15세 미만인 양자가 재판상 파양을 하는 경우, 입양을 대락한 자가 이에 갈음하여 재판상 파양을 청구하여야 하고, 입양을 대락한 자가 사망 기타 사유로 청구할 수 없는 때에는 생가의 다른 직계존속이 청구하여야 하며, 후견인 또는 생가의 다른 직계존속이 청구를 하는 때에는 가정법원의 허가를 받아야 한다.
③ 친양자가 3년 이상 생사불명인 경우라도 양친은 가정법원에 파양을 청구할 수 없다.
④ 재판상 파양의 당사자는 양부모와 양자인 것이 원칙이지만, 양부모가 모두 사망한 경우에는 양조부가 재판상 파양을 청구할 수 있다.
⑤ 양부가 사망한 경우, 양모는 단독으로 양자를 상대로 자신과 양자 사이의 재판상 파양을 청구할 수 있으며, 이는 양부와 양자 사이의 양친자관계에 영향을 미치지 아니한다.

해설

① [正] 금치산자의 재판상 파양절차를 묻는 지문이다. 양친자의 일방은 제905조 각호가 정하는 사유가 있는 때에는 가정법원에 재판상 파양을 청구할 수 있다(제905조). 금치산자가 재판상 파양청구를 하는 경우에는 후견인의 동의를 얻어 파양청구를 할 수 있다(제906조, 제902조).

진모 26회 28번 ㉠지문 / 가족법강의 p202 (나)재판상 파양

② [正] 15세 미만인 양자의 재판상 파양절차를 묻는 지문이다. 협의상 파양에 관한 제899조가 제906조에 의하여 재판상 파양에도 준용된다. 따라서 협의상 파양과 마찬가지로 입양을 승낙한 자가 파양청구를 하여야 하고, 입양을 승낙한 자가 사망 기타 사유로 파양청구를 할 수 없는 때에는 생가의 다른 직계존속이 이를 하여야 하는데, 후견인 혹은 생가의 다른 직계존속이 파양청구를 하는 때에는 가정법원의 허가를 받아야 한다(제899조, 제906조).

진모 5회 1번 ③번 지문 참조 / 가족법강의 p202 p203 (나)재판상 파양

③ [正] 친양자 파양사유를 묻는 지문이다. 보통양자의 경우 양자의 생사가 3년 이상 불명인 경우에는 가정법원에 파양청구를 할 수 있다(제905조 제4호). 그러나 보통양자의 파양사유는 친양자 파양사유에 해당하지 아니한다(제908조의 5 제2항). 친양자 파양사유는 양친이 친양자를 학대 또는 유기하거나 그 밖에 친양자의 복리를 현저히 해하는 때, 친양자의 양친에 대한 패륜행위로 인하여 친양자관계를 유지시킬 수 없게 된 때에 한정된다(제908조의 5 제1항).

> 조지사2 p818 문제 42번 / 진모 26회 28번 ⓐ지문 참조 / 가족법강의 p207 (5)친양자 입양의 파양

④ [誤] 양부모가 모두 사망한 경우, 양조부가 파양청구권자가 될 수 있는지를 묻는 지문이다. 파양청구권은 양친자의 일방이 행사할 수 있는 권리이며, 일신전속권으로 상속의 대상이 되지도 아니한다. 양친이 아닌 양조부는 파양청구권자에 해당하지 아니한다.
[大判 1983. 9. 13, 83므16] 인사소송법 제37조에 의하여 준용되는 같은 법 제26조는 혼인무효의 소의 당사자에 관한 규정으로서 입양무효에 관한 소에는 준용될 수 있으나 이와 성질을 달리하는 파양의 소에는 준용할 수 없으므로 양조부는 재판상 파양청구권이 없다.

> 조지사2 p818 문제 43번 / 민판2 p811 / 진모 26회 28번 ⓗ지문 / 가족법강의 p204 (3)재판상 파양의 절차

⑤ [正] 양부 사망 후, 양모가 단독으로 파양청구를 할 수 있는지 여부를 묻는 지문이다. 현행 양자법은 부부공동입양제에 입각하고 있다. 부부공동입양의 원칙은 파양의 경우에도 관철된다. 다만, 양부모 중 일방이 사망한 경우에는 부부공동입양의 원칙이 관철될 수 없으므로 단독파양도 가능하다. 이 경우 양부와 양자 사이의 양친자관계에는 영향을 미치지 아니한다.
[大判 2001. 8. 21, 99므2230] 민법 제874조 제1항은 "배우자 있는 자가 양자를 할 때에는 배우자와 공동으로 하여야 한다."고 규정함으로써 부부의 공동입양원칙을 선언하고 있는 바, 파양에 관하여는 별도의 규정을 두고 있지는 않고 있으나 부부의 공동입양원칙의 규정취지에 비추어 보면 양친이 부부인 경우 파양을 할 때에도 부부가 공동으로 하여야 한다고 해석할 여지가 없지 아니하나(양자가 미성년자인 경우에는 양자제도를 둔 취지에 비추어 그와 같이 해석하여야 할 필요성이 크다), 그렇게 해석한다고 하더라도 양친 부부 중 일방이 사망하거나 또는 양친이 이혼한 때에는 부부의 공동파양의 원칙이 적용될 여지가 없다고 할 것이고, 따라서 양부가 사망한 때에는 양모는 단독으로 양자와 협의상 또는 재판상 파양을 할 수 있으되 이는 양부와 양자 사이의 양친자관계에 영향을 미칠 수 없는 것이고, 또 양모가 사망한 양부에 갈음하거나 또는 양부를 위하여 파양을 할 수는 없다고 할 것이며, 이는 친생자부존재확인을 구하는 청구에 있어서 입양의 효력은 있으나 재판상 파양 사유가 있어 양친자관계를 해소할 필요성이 있는 이른바 재판상 파양에 갈음하는 친생자관계부존재확인청구에 관하여도 마찬가지라고 할 것이다. 왜냐하면 양친자관계는 파양에 의하여 해소될 수 있는 점을 제외하고는 친생자관계와 똑같은 내용을 갖게 되는데, 진실에 부합하지 않는 친생자

로서의 호적기재가 법률상의 친자관계인 양친자관계를 공시하는 효력을 갖게 되었고 사망한 양부와 양자 사이의 이러한 양친자관계는 해소할 방법이 없으므로 그 호적기재 자체를 말소하여 법률상 친자관계를 부인하게 하는 친생자관계존부확인청구는 허용될 수 없는 것이기 때문이다.

> 조지사2 p837 문제 42번 / 민판2 p806 / 진모 26회 28번 ⓓ지문
> / 가족법강의 p186 (3)친생자관계부존재확인의 소

정답 ④

34. 배점 3 협의이혼 후 자(子)의 양육 및 면접교섭권과 친권에 관한 설명 중 옳은 것(○)과 옳지 않은 것(×)을 바르게 표시한 것은?

> ㄱ. 가정법원에 이혼의사의 확인을 신청한 당사자에게 양육하여야 할 자(子)가 있는 경우, 그 당사자는 자(子)의 양육에 관한 사항 및 친권자 결정에 관한 협의서 또는 그에 관한 가정법원의 심판정본을 제출하여야 한다.
> ㄴ. 자(子)의 양육에 관한 사항의 협의가 이루어지지 아니하거나 협의할 수 없는 때에는 가정법원은 직권으로 또는 당사자의 청구에 따라 이에 관하여 결정한다.
> ㄷ. 가정법원은 당사자가 협의한 양육비 부담에 관한 내용을 확인하는 양육비부담조서를 작성하여야 하며, 이 조서는 양육비 지급의 집행권원이 된다.
> ㄹ. 면접교섭권은 자(子)를 직접 양육하지 않는 부모의 일방에게 인정되는 부모만의 권리이며, 가정법원은 자(子)의 복리를 위하여 필요한 경우 당사자의 청구 또는 직권에 의하여 면접교섭을 제한하거나 배제할 수 있다.
> ㅁ. 친권은 부모가 혼인 중인 때에는 공동으로 행사하지만, 부모의 의견이 일치하지 아니하는 때에는 가정법원이 직권으로 또는 당사자의 청구에 따라 이를 정한다.
> ㅂ. 친권자가 부모 일방으로 정하여진 후에도 자(子)의 복리를 위하여 필요하다고 인정되는 경우에는 가정법원은 자(子)의 4촌 이내의 친족의 청구에 의하여 친권자를 다른 일방으로 변경할 수 있다.

① ㄱ(○), ㄴ(×), ㄷ(○), ㄹ(×), ㅁ(×), ㅂ(○)
② ㄱ(○), ㄴ(×), ㄷ(×), ㄹ(○), ㅁ(○), ㅂ(×)
③ ㄱ(×), ㄴ(×), ㄷ(○), ㄹ(○), ㅁ(×), ㅂ(×)
④ ㄱ(×), ㄴ(×), ㄷ(×), ㄹ(×), ㅁ(○), ㅂ(○)
⑤ ㄱ(○), ㄴ(○), ㄷ(○), ㄹ(×), ㅁ(×), ㅂ(○)
⑥ ㄱ(○), ㄴ(○), ㄷ(○), ㄹ(○), ㅁ(○), ㅂ(×)
⑦ ㄱ(×), ㄴ(○), ㄷ(○), ㄹ(○), ㅁ(×), ㅂ(×)
⑧ ㄱ(×), ㄴ(○), ㄷ(×), ㄹ(×), ㅁ(○), ㅂ(○)

해설

ㄱ. [正] 협의이혼 절차를 묻는 지문이다. 지문은 제836조의 2 제4항의 조문내용이다.

> 조지사2 p759 문제 36번 / 진모 25회 30번 Ⓐ지문 / 가족법강의 p102 (가)협의이혼의 요건

ㄴ. [正] 양육에 관한 협의가 이루어지지 아니한 경우의 효과를 묻는 지문이다. 지문은 제837조 제4항의 조문내용이다.

> 조지사2 p760 문제 40번 / 진모 25회 31번 Ⓗ지문 / 가족법강의 p131 (2)양육에 대한 사항의 결정

ㄷ. [正] 협의이혼 당사자가 양육에 관한 사항의 협의서를 제출한 경우, 양육비채권의 확보를 위한 조치를 묻는 지문이다. 양육비부담조서를 작성하여 집행력을 부여하도록 하고 있다. 지문은 제836조의 2 제5항의 조문내용이다.

> 조지사2 p759 문제 37번

ㄹ. [誤] 면접교섭권의 주체를 묻는 지문이다. 종래에는 부모의 권리로 규정하고 있었으나, 면접교섭권이 자녀의 복리를 증진하기 위한 권리라는 점을 고려하여 2007년 민법 개정에 의하여 자녀에게도 면접교섭권이 인정되었다. 자를 직접 양육하지 아니하는 부모의 일방과 자는 상호 면접교섭할 수 있는 권리를 가진다(제837조의 2 제1항). 부모만의 권리라는 것은 옳지 않다.

> 조지사2 p760 문제 43번 / 진모 25회 35번 Ⓐ지문 / 가족법강의 p102 (가)협의이혼의 요건

ㅁ. [誤] 친권의 행사방법을 묻는 지문이다. 부모의 의견이 일치하지 아니하는 때에는 당사자의 청구에 의하여 가정법원이 이를 정한다(제909조 제2항). 법원이 직권으로 정하지는 않는다.

> 조지사2 p785 문제 88번 / 가족법강의 p209 2)친권의 공동행사의 원칙

ㅂ. [正] 친권자의 변경을 묻는 지문이다. 지문은 제909조 제6항의 조문내용이다.

> 조지사2 p819 문제 49번 / 진모 26회 31번 Ⓔ지문 / 가족법강의 p130 (1)친권자의 결정

정답 ⑤

---

35. 배점 2 甲과 乙은 혼인신고 없이 동거하고 있다. 甲이 丙을 임신 중이던 어느 날 乙은 교통사고로 사망하였다. 이에 관한 설명 중 옳은 것은? (다툼 있으면 판례에 의함)

① 乙의 사망 후 甲은 출생한 丙을 상대로 乙과 丙 사이의 친생자관계존부확인의 소를 제기할 수 있다.

② 丙이 출생하여 乙의 자(子)로 인지된 경우, 丙은 乙의 사망으로 입은 정신적 손해에 대해서 손해배상을 청구할 수 있다.
③ 乙이 사망하기 전에 태아인 丙에게 자신의 부동산을 사인증여한 경우, 그 사인증여는 유효하다.
④ 丙이 출생하기 전에 乙이 빈사상태에서 丙을 인지한 경우, 丙의 출생 후 甲이 승낙한 때부터 丙은 乙의 자(子)로 된다.
⑤ 만약 乙이 사망하기 전에 丙이 출생하였고, 그 후 甲과 乙이 혼인을 하였다면 丙은 출생한 때부터 甲과 乙의 혼인 중의 자(子)로 된다.

해설

① [誤] 인지청구소송으로 부자관계를 형성하여야 함에도 불구하고, 친생자관계존재확인소송으로 인지청구소송을 대신할 수 있는지 여부를 묻는 지문이다. 인지청구소송의 사유와 다른 사유를 원인으로 하여 친생자관계존부확인의 소를 제기하여야 한다(제865조). 친생자관계존부확인소송은 다른 신분관계소송의 대용물이 될 수 없다. 따라서 乙과 丙 사이의 친자관계를 형성하고자 한다면 검사를 상대로 인지청구소송을 제기하여야 한다.

[大判 1997. 2. 14, 96므738] 혼인 외 출생자의 경우에 있어서 모자관계는 인지를 요하지 아니하고 법률상의 친자관계가 인정될 수 있지만, 부자관계는 부(父)의 인지에 의하여서만 발생하는 것이므로, 부(父)가 사망한 경우에는 그 사망을 안 날로부터 1년 이내('2년 이내'로 개정-편저자 주)에 검사를 상대로 인지청구의 소를 제기하여야 하고, 생모가 혼인 외 출생자를 상대로 혼인 외 출생자와 사망한 부(父) 사이의 친생자관계존재확인을 구하는 소는 허용될 수 없다.

조지사2 p839 문제 45번 / 민판2 p804 / 진모 26회 21번 ⓒ지문
/ 가족법강의 p182 (바)친생자관계존부확인의 소

② [正] 사실혼 중에 포태된 태아가 생부의 사망으로 인한 위자료 청구권자에 해당하는지 여부를 묻는 지문이다. 타인의 생명을 해한 자는 피해자의 직계존속, 직계비속 및 배우자에 대하여 재산상의 손해가 없는 경우에도 손해배상의 책임이 있다(제752조). 태아는 불법행위로 인한 손해배상의 청구권에 관하여는 이미 출생한 것으로 본다(제762조). 비록 태아에게 정신적 감수성이 없다고 하더라도 태아는 그 생부의 생명침해로 인한 위자료청구권을 취득할 수 있다. 한편, 사실혼 중에 포태된 태아도 출생 후에 인지되었다면 인지의 소급효로 인하여 출생한 때로부터 부자관계를 인정할 수 있다. 결국 생부인 丙의 사망으로 인하여 乙이 입은 정신적 손해에 대해서 손해배상청구권을 행사할 수 있다.

[大判 1962. 3. 15, 61다903] 태아가 피해 당시 정신상 고통에 대한 감수성을 갖추고 있지 않다 하더라도 장래 감수할 것임을 현재 합리적으로 기대할 수 있는 경우에 있어서는 즉시 그 청구를 할 수 있다.

③ [誤] 태아를 수증자로 하는 사인증여의 효력을 묻는 지문이다. 태아는 유증의 상대방이 될 수 있다(제1064조, 제1000조 제3항). 유증의 규정이 준용되는 사인증여에서도 태아의 권리능력이 인정될 것인가를 묻는 지문이다. 사인증여와 유증이 그 효력에 있어서 유사하더라도 사인증여는 계약으로 당사자 사이의 합의가 있어야 한다는 점에서 단독행위인 유증과 다르다. 태아에게는 수증능력이 없다는 것이 대법원의 입장이다. [大判 1982. 2. 9. 81다534] 증여에 관하여는 태아의 수증능력이 인정되지 아니하였고, 또 태아인 동안에는 법정대리인이 있을 수 없으므로 법정대리인에 의한 수증행위도 할 수 없다.

조지사1 p63 문제 8번 / 민판1 p61 p64 / 진모 27회 15번 학생 ⓔ지문

④ [誤] 태아를 인지할 수 있는지를 묻는 지문이다. 부는 포태 중에 있는 자에 대하여도 이를 인지할 수 있다(제858조). 태아에 대해서 인지하기 위해서는 임부의 승낙이 필요한 것은 아니다.

조지사2 p814 문제 14번 / 진모 1회 22번 ⓓ지문 / 가족법강의 p168 (2)피인지자

⑤ [誤] 혼인에 의한 준정의 효과를 묻는 지문이다. 혼인 외의 출생자는 그 부모가 혼인한 때에는 그때부터 혼인 중의 출생자로 본다(제855조 제2항). 소급효가 인정되지 않는다. 따라서 출생한 때부터 혼인 중의 자로 된다는 본 지문은 옳지 않다.

조지사2 p827 문제 12번 / 진모 26회 9번 ㉠지문 / 가족법강의 p180 (마)준정

정답 ②

36. 배점 4 甲 소유의 A 토지에 1순위로 채권최고액을 6,000만 원으로 하는 乙 명의의 근저당권설정등기가 경료되고, 6개월 뒤에 2순위로 채권최고액을 1,000만 원으로 하는 丙 명의의 근저당권설정등기가 경료되었다. 그 후 甲은 A 토지를 乙에게 매도하고 乙 명의의 소유권이전등기를 해주었다. 다음 설명 중 옳은 것을 모두 고른 것은? (다툼 있으면 판례에 의함)

ㄱ. 乙의 근저당권은 혼동으로 소멸한다.
ㄴ. 丙의 피담보채권이 1,000만 원을 초과하더라도, 丙의 경매신청이 있기 전이면 乙은 丙에게 1,000만 원만을 변제하고 근저당권의 소멸을 청구할 수 있다.

ㄷ. 乙이 甲의 丙에 대한 피담보채무의 변제기 도래 후 이를 丙에게 변제한 경우에는 乙은 丙을 대위하는 외에 甲에게 그 상환을 청구할 수 있다.

ㄹ. 乙이 甲의 丙에 대한 피담보채무를 인수하는 것으로 매매대금의 지급에 갈음하기로 甲, 乙 간에 약정한 때에는, 乙이 그 인수한 채무를 이행하지 않음으로써 丙의 근저당권이 실행되어 소유권을 잃게 되더라도, 甲은 매도인의 담보책임을 지지 않는다.

ㅁ. 甲이 A 토지를 타인에게 매도하면 丙은 자신의 근저당권을 말소하여 주기로 甲과 丙이 약정한 경우, 그 후 丙이 甲과의 상의 없이 자신의 근저당권을 확정된 피담보채권과 함께 丁에게 이전하였다면, 丁은 甲이 A 토지를 乙에게 매도하였으므로 甲에게 자신의 근저당권을 말소할 의무를 진다.

① ㄴ, ㄷ, ㄹ   ② ㄱ, ㄴ, ㄷ, ㅁ   ③ ㄷ, ㄹ, ㅁ
④ ㄴ, ㄷ, ㅁ   ⑤ ㄱ, ㄷ, ㄹ   ⑥ ㄴ, ㄹ

해설

ㄱ. [誤] 후순위저당권이 존재하는 경우, 선순위저당권자가 저당물의 소유권을 취득하면 저당권이 혼동에 의하여 소멸하는지 여부를 묻는 지문이다. 동일한 물건에 대한 소유권과 다른 물권이 동일한 사람에게 귀속한 때에는 다른 물권은 소멸한다(제191조 제1항). 그러나 그 물권이 제3자의 권리의 목적이 된 때에는 소멸하지 않는다(제191조 제1항 단서). 소유권과 저당권이 동일인에게 귀속하는 경우에도 저당권은 혼동에 의하여 소멸하는 것이 원칙이다. 그러나 제191조 제1항 단서의 취지에 비추어 제3자에게 불이익이 발생할 우려가 있는 경우에는 혼동의 예외로서 저당권은 소멸하지 않는다. 제191조 제1항 단서는 제3자에게 불이익이 발생할 경우만을 규정하고 있으나, 혼동의 본인에게 불이익이 발생할 경우를 제외해야 할 이유가 없다. 혼동의 본인에게 불이익이 발생할 경우에도 저당권은 소멸하지 않는다고 해석한다. 후순위저당권자 丙이 존재하기 때문에 선순위저당권인 乙의 저당권을 혼동으로 소멸시키면 乙이 자신보다 후순위저당권자인 丙보다 열후한 지위에 놓이게 되어 乙에게 불이익이 발생한다. 따라서 乙의 저당권은 혼동으로 소멸하지 않는다.

[大判 1998. 7. 10. 98다18643] 어떠한 물건에 대한 소유권과 다른 물권이 동일한 사람에게 귀속한 경우 그 제한물권은 혼동에 의하여 소멸하는 것이 원칙이지만, 본인 또는 제3자의 이익을 위하여 그 제한물권을 존속시킬 필요가 있다고 인정되는 경우에는 민법 제191조 제1항 단서의 해석에 의하여 혼동으로 소멸하지 않는다.

조지사1 p605 문제 10번 유사 / 민판1 p467 / 진모 9회 27번 ②지문

ㄴ. [正] 저당물의 제3취득권자의 변제권을 묻는 지문이다. 저당부동산에 대하여 소유권, 지상권 또는 전세권을 취득한 제3자는 저당권자에게 그 부동산으로 담보된 채권을

변제하고 저당권의 소멸을 청구할 수 있다(제364조). '그 부동산으로 담보된 채권'이란 우선변제적 효력이 인정되는 채권을 말한다. 따라서 丙의 근저당권의 피담보채권이 채권최고액인 1,000만 원을 초과하더라도 1,000만 원의 범위에서 우선변제적 효력이 인정되므로 근저당물의 소유권을 취득한 乙은 1,000만 원만을 변제하고 저당권의 소멸을 청구할 수 있다.

조지사1 p808 문제 8번 / 진모 12회 38번 ⓔ지문 참조

ㄷ. [正] 제3취득자의 변제로 인한 제3취득자와 채무자 사이의 법률관계를 묻는 지문이다. 제3취득자는 채무자에 대해서 구상권을 행사할 수 있고, 변제자대위에 의하여 채권 및 담보에 관한 권리를 취득하여 행사할 수 있다.
[大判 1997. 7. 25. 97다8403] 타인의 채무를 담보하기 위하여 저당권을 설정한 부동산의 소유자(물상보증인)로부터 소유권을 양수한 제3자는 채권자에 의하여 저당권이 실행되게 되면 저당부동산에 대한 소유권을 상실한다는 점에서 물상보증인과 유사한 지위에 있다고 할 것이므로, 물상보증의 목적물인 저당부동산의 제3취득자가 채무를 변제하거나 저당권의 실행으로 저당물의 소유권을 잃은 때에는 <u>물상보증인의 구상권에 관한 민법 제370조·제341조의 규정을 유추적용하여 보증채무에 관한 규정에 의하여 채무자에 대한 구상권이 있다.</u>

조지사1 p863 문제 6-(4)번 / 민판1 p687 / 진모 14회 34번 ⓑ지문

ㄹ. [正] 매매계약과 이행인수약정이 함께 체결된 경우, 매수인이 이행인수 약정에 따른 의무를 이행하지 아니하여 매수인이 취득한 소유권을 상실한 때에 매수인이 매도인에 대하여 담보책임을 추궁할 수 있는지 여부를 묻는 지문이다. 당사자 사이에 담보책임 면제특약이 있다고 해석하여 매수인의 권리행사를 부정하는 것이 대법원의 입장이다.
[大判 2002. 9. 4. 2002다11151] 매매의 목적이 된 부동산에 설정된 저당권의 행사로 인하여 매수인이 취득한 소유권을 잃은 때에는 매수인은 민법 제576조 제1항의 규정에 의하여 매매계약을 해제할 수 있지만, <u>매수인이 매매목적물에 관한 근저당권의 피담보채무를 인수하는 것으로 매매대금의 지급에 갈음하기로 약정한 경우에는 특별한 사정이 없는 한, 매수인으로서는 매도인에 대하여 민법 제576조 제1항의 담보책임을 면제하여 주었거나 이를 포기한 것으로 봄이 상당</u>하므로, 매수인이 매매목적물에 관한 근저당권의 피담보채무 중 일부만을 인수한 경우 매도인으로서는 자신이 부담하는 피담보채무를 모두 이행한 이상 매수인이 인수한 부분을 이행하지 않음으로써 근저당권이 실행되어 매수인이 취득한 소유권을 잃게 되더라도 민법 제576조 소정의 담보책임을 부담하게 되는 것은 아니다.

조지사2 p866 문제 7-(4번) / 민판2 p462 / 진모 16회 17번 ⓒ지문

ㅁ. [誤] 甲과 丙 사이의 말소약정에 따른 丙의 의무가 丙으로부터 근저당권을 양수한 丁에게 승계되는지 여부를 묻는 지문이다. 丙이 甲에 대해서 부담하는 근저당권말소의무는 甲과 丙 사이의 별도의 약정에 의하여 발생한 것으로 그 법적 성질은 채무이며, 근저당권에 수반되는 의무가 아니다. 따라서 근저당권 이전에 당연히 수반하는 것은 아니며, 별도의 인수절차에 따라 이전될 수는 있다. 사안의 경우 丁이 丙의 의무를 인수하였다는 사정이 제시되어 있지 않다. 그렇다면 丁은 甲에 대하여 근저당권 말소의무를 부담하지 않는다.

[大判 2001.3.23 2000다 49015] 신축 상가건물에 대한 공사대금채권의 담보를 위하여 상가건물에 근저당권을 설정하면서 근저당권설정자와 근저당권자 사이에 분양계약자가 분양대금을 완납하는 경우 그 분양계약자가 분양 받은 지분에 관한 근저당권을 말소하여 주기로 하는 약정이 있었다 하더라도, 근저당권자는 근저당권설정자 또는 분양계약자에 대하여 그 약정에 따라 분양계약자의 분양 지분에 관한 근저당권을 말소하여 줄 채권적 의무가 발생할 뿐이지 물권인 근저당권자의 근저당권 자체가 등기에 의하여 공시된 바와 달리 위 약정에 의하여 제한되는 것은 아니고, 그 근저당권의 인수인이 당연히 위 약정에 따른 근저당권자의 채무를 인수하는 것도 아니다.

민판1 p704 / 진모 13회 20번 ⓒ지문

정답 ①

37. 배점 3

甲은 1954. 3.경 미등기인 A 토지를 乙의 소유로 알고 이를 乙로부터 매수하고, 즉시 이를 인도받아 2011. 2. 현재까지 A 토지를 포도밭으로 사용하고 있다. 그런데 乙의 단독상속인인 丙이 상속을 취득원인으로 하여 1979. 5. 1. 「부동산소유권 이전등기 등에 관한 특별조치법」에 의해 A 토지에 대한 소유권보존등기를 경료하였다. 다음의 설명 중 옳은 것(○)과 옳지 않은 것(×)을 바르게 표시한 것은? (다툼 있으면 판례에 의함)

ㄱ. 甲이 乙과의 매매계약에 기하여 갖는 소유권이전등기청구권은 소멸시효가 완성하였다.
ㄴ. 甲이 乙과의 매매계약사실을 입증하지 못한 경우, 甲은 丙에게 A 토지의 인도를 거부할 권원이 없다.
ㄷ. 甲은 취득시효의 기산점을 임의로 선택할 수 있다.
ㄹ. 1954. 3.경에 A 토지의 소유권을 가지고 있었던 사람이 乙이 아닌 丁이었음이 밝혀졌다면 甲의 자주점유의 추정은 번복된다.

① ㄱ(×), ㄴ(○), ㄷ(○), ㄹ(×)
② ㄱ(×), ㄴ(×), ㄷ(○), ㄹ(○)
③ ㄱ(○), ㄴ(○), ㄷ(×), ㄹ(×)

④ ㄱ(×), ㄴ(×), ㄷ(○), ㄹ(×)
⑤ ㄱ(○), ㄴ(○), ㄷ(×), ㄹ(○)
⑥ ㄱ(○), ㄴ(×), ㄷ(○), ㄹ(×)

해 설

ㄱ. [誤] 인도받아 사용·수익하고 있는 매수인의 등기청구권이 소멸시효의 대상인지 여부를 묻는 지문이다. 소멸시효의 대상이 아니라는 것이 대법원의 입장이다.
[大判(全) 1976. 11. 6, 76다148] 시효제도의 존재이유에 비추어 보아 부동산 매수인이 그 목적물을 인도받아서 이를 사용·수익하고 있는 경우에는 그 매수인을 권리 위에 잠자는 것으로 볼 수도 없고 또 매도인 명의로 등기가 남아 있는 상태와 매수인이 인도받아 이를 사용·수익하고 있는 상태를 비교하면 매도인 명의로 잔존하고 있는 등기를 보호하기보다는 매수인의 사용·수익상태를 더욱 보호하여야 할 것이므로 그 매수인의 등기청구권은 다른 채권과는 달리 소멸시효에 걸리지 않는다고 해석함이 타당하다.

조지사1 p435 문제 8번 / 민판1 p347 / 진모 2회 27번 ⓒ지문

ㄴ. [誤] 甲의 점유권원을 묻는 지문이다. 甲은 매수인으로서 매매사실을 증명하여 점유할 수 있을 뿐만 아니라 甲은 20년 이상 점유한 자로서 취득시효를 원인으로 점유할 수도 있다.

조지사1 p666 문제 15번 / 민판1 p543 / 진모 10회 13번 ⓒ지문 유사

ㄷ. [正] 기산점 임의선정이 가능한지 여부를 묻는 지문이다. 점유기간 중 소유자의 변동이 없다면 기산점 임의선정이 가능하다는 것이 대법원의 입장이다. 비록 乙의 상속인이 소유권보존등기를 하였지만, 이는 상속에 의한 것으로 소유자의 변동이 있었다고 볼 수 없다. 따라서 甲은 기산점을 점유기간 중 임의의 시점으로 주장할 수 있다.
[大判 1998. 5. 12, 97다8496·8502] 취득시효기간 중 계속해서 등기명의자가 동일한 경우에는 그 기산점을 어디에 두든지 간에 취득시효의 완성을 주장할 수 있는 시점에서 보아 그 기간이 경과한 사실만 확정되면 충분하므로, 전 점유자의 점유를 승계하여 자신의 점유기간을 통산하여 20년이 경과한 경우에 있어서도 전 점유자가 점유를 개시한 이후의 임의의 시점을 그 기산점으로 삼을 수 있다.
[大判 2007. 6. 14, 2006다84423] 점유로 인한 소유권취득시효완성 당시 미등기로 남아 있던 토지에 관하여 소유권을 가지고 있던 자가 취득시효완성 후에 그 명의로 소유권보존등기를 마쳤다 하더라도 이는 소유권의 변경에 관한 등기가 아니므로 그러한 자를 그 취득시효완성 후의 새로운 이해관계인으로 볼 수 없고, 또 그 미등기 토지에 대하여 소유자의 상속인 명의로 소유권보존등기를 마친 것도 시효취득에 영향을 미치는 소유자의 변경에 해당하지 않으므로, 이러한 경우에는 그 등기명의인에게 취득시효완성을 주장할 수 있다.

ㄹ. [誤] 매도인이 진정한 소유자가 아니라는 사실이 밝혀진 경우, 매수인의 자주점유 추정이 번복되는지 여부를 묻는 지문이다. 타인권리매매라는 사실이 밝혀졌다고 하더라도 자주점유의 추정이 번복되는 것은 아니다. 자주점유의 요건으로서 소유할 의사를 사실상 소유할 의사로 족하기 때문이다.

[大判(全) 2000. 3. 16, 97다37661] 민법 제197조 제1항이 규정하고 있는 점유자에게 추정되는 소유의 의사는 사실상 소유할 의사가 있는 것으로 충분한 것이지 반드시 등기를 수반하여야 하는 것은 아니므로 등기를 수반하지 아니한 점유임이 밝혀졌다고 하여 이 사실만 가지고 바로 점유권원의 성질상 소유의 의사가 결여된 타주점유라고 할 수 없다.

[大判 1996. 5. 28, 95다40328] 부동산을 매수하여 이를 점유하게 된 자는 그 매매가 무효가 된다는 사정이 있음을 알았다는 등의 특단의 사정이 없는 한 그 점유의 시초에 소유의 의사로 점유한 것이며, 나중에 매도자에게 처분권이 없었다는 등의 사유로 그 매매가 무효인 것이 밝혀졌다 하더라도 그와 같은 점유의 성질이 변하는 것은 아니다.

> 조지사2 p616 문제 14번 / 민판1 p477 p478 p491 / 진모 9회 32번 ⓗ지문

> 정답 ④

38. 배점 4 甲은 乙에게 돈을 빌려주었다. 그 원리금 반환채무를 담보하기 위해 乙은 약정 당시의 가액이 원금과 약정 변제기까지의 이자의 합산액을 초과하는 자신의 건물을 甲에게 양도하기로 하는 담보계약을 체결하고, 甲 명의로 소유권이전등기를 해주었는데, 甲과 乙의 약정에 따라 乙이 위 건물을 사용·수익하고 있다. 다음 설명 중 옳은 것은? (다툼 있으면 판례에 의함)

① 「가등기담보 등에 관한 법률」은 부동산의 양도담보와 관련하여, 피담보채권의 범위에 관하여는 저당권의 피담보채권에 관한 민법 제360조에 의하도록 하고 있으나, 지연손해금의 경우 甲은 乙에 대하여는 저당권자와 달리 원본의 이행기일을 경과한 후의 1년분에 한하여 양도담보권을 행사할 수 있다.

② 乙이 건물을 丙에게 임대한 경우, 甲이 그 대외적 소유자이므로, 甲은 양도담보권을 실행하기 전에도 丙에게 건물의 사용·수익을 하지 못한 것을 이유로 임료 상당의 손해배상이나 부당이득의 반환을 청구할 수 있다.

③ 乙이 甲 앞으로 위 양도담보계약에 기한 소유권이전등기절차를 이행하지 않았다고 가정하면, 甲은 「가등기담보 등에 관한 법률」에 따른 청산절차를 취하지 않고도 양도담보계약에 기하여 甲 명의의 소유권이전등기를 청구할 수 있다.

④ 건물의 소유권은 甲에게 신탁적으로 이전되므로, 甲이「가등기담보 등에 관한 법률」에 따라 지급하여야 할 청산금을 지급하기 전에 건물을 丙에게 처분한 경우, 양수인 丙의 선의·악의를 묻지 않고 乙은 丙에게 그 소유권이전등기의 말소를 청구할 수 없다.
⑤ 乙의 채무가 변제기를 도과한 경우, 甲은 건물을 타인에게 처분하여 정산하기 위한 환가절차의 일환으로 직접 건물의 소유권에 기하여 乙에게 그 인도를 구할 수 있다.

해설

* 양도담보에 관한 사례문제이다. 양도담보에 대해서도 가등기담보법이 적용될 수 있다. 다만, 피담보채무가 소비대차 혹은 준소비대차에 기초한 반환채무인 경우에만 적용된다. 사안의 경우에는 소비대차에 기초한 반환채무의 담보를 위하여 양도담보를 한 것이므로 가등기담보법이 적용될 수 있다.

① [誤] 양도담보권자의 우선변제적 효력에 관한 제360조 규정이 피담보채무자인 양도담보설정자에게도 적용되는지 여부를 묻는 지문이다. 지연손해금은 이행기일을 경과한 후 1년분에 한하여 우선변제 받을 수 있다는 제한이 피담보채무자인 양도담보설정자에게도 적용되는지를 묻고 있다. 제360조 단서는 제3자에 대한 관계에서 적용될 뿐 피담보채권의 채무자에 대한 관계에서는 적용되지 않는다. 양도담보권자인 甲은 채무자인 乙에 대해서는 약속한 전 채권에 대하여 양도담보권을 행사할 수 있다.
[大判 1992. 5. 12, 90다8855] 저당권의 피담보채무의 범위에 관하여 <u>민법 제360조가 지연배상에 대하여는 원본의 이행기일을 경과한 후의 1년분에 한하여 저당권을 행사할 수 있다고 규정하고 있는 것은 저당권자의 제3자에 대한 관계에서의 제한이며 채무자나 저당권설정자가 저당권자에 대하여 대항할 수 있는 것이 아니고, 민법 제360조가 양도담보의 경우에 준용된다고 하여도 마찬가지로 해석하여야 할 것인 만큼, 양도담보의 채무자가 양도담보권자에 대하여 민법 제360조에 따른 피담보채권의 제한을 주장할 수는 없는 것이다.</u>

조지사1 p814 문제 10번 / 민판1 p667 / 진모 12회 21번 ㉠지문 변형

② [誤] 양도담보제공자인 乙이 丙에게 임대한 경우, 양도담보권자 甲이 丙에 대하여 임료상당의 손해배상이나 부당이득의 반환을 청구할 수 있는지를 묻는 지문이다. 이는 임차인 丙의 점유할 권리가 인정되는지 여부를 묻는 지문이다. 甲과 乙의 약정에 따라 乙이 양도담보 목적물에 대한 사용·수익권을 가지고 있고, 乙의 사용·수익권에 기초하여 丙이 임차권을 취득한 것이므로 丙의 임차권은 甲에 대한 관계에서도 적법하고 유효한 것으로 된다. 따라서 손해배상이나 부당이득반환의 문제는 발생하지 않는다.
[大判 1988. 11. 22, 87다카2555] 일반적으로 부동산을 채권담보의 목적으로 양도한 경우 특별한 사정이 없는 한 목적부동산에 대한 사용·수익권은 채무자인 양도담보설정자에게 있는 것이므로 양도담보권자는 사용·수익할 수 있는 정당한 권한이 있는

채무자나 채무자로부터 그 사용·수익할 수 있는 권한을 승계한 자에 대하여는 사용·수익을 하지 못한 것을 이유로 임료상당의 손해배상이나 부당이득 반환청구는 할 수 없다.

조지사1 p884 문제 38번 / 민판1 p715 / 진모 13회 36번 ㉣지문

③ [正] 청산절차를 거치지 않고서 양도담보계약에 기한 소유권이전등기청구를 할 수 있는지 여부를 묻는 지문이다. 채권자는 담보목적부동산에 관하여 이미 소유권이전등기를 마친 경우에는 청산기간이 지난 후 청산금을 채무자 등에게 지급한 때에 담보목적부동산의 소유권을 취득한다(가등기담보 등에 관한 법률 제4조 제2항 본문). 청산절차를 거쳐야 양도담보권 실행에 의한 소유권 취득이 가능하다. 그러나 양도담보계약에 기초한 소유권이전등기청구는 양도담보권 실행이 아니다. 따라서 청산절차를 거쳤는지 여부와 무관하게 소유권이전등기를 청구할 수 있다.

[大判 1996. 11. 15, 96다31116] 차용금채무의 담보를 위한 양도담보계약이 체결되었으나 그에 따른 소유권이전등기가 경료되지 않은 경우, 양도담보는 그 담보계약에 따라 소유권이전등기를 경료함으로써 비로소 담보권이 발생하는 것이므로 채권자는 가등기담보등에 관한 법률상의 청산절차를 밟기 전에 우선 담보계약에 따른 소유권이전등기절차의 이행을 구하여 소유권이전등기를 받은 다음 같은 법에 따른 청산절차를 밟으면 되고, 따라서 채무자는 같은 법 소정의 청산절차가 없었음을 이유로 그 소유권이전등기절차이행을 거절할 수는 없다.

진모 제13회 32번 ㉣지문 그대로 출제!!

④ [誤] 청산금 지급 전에 양도담보권자가 처분한 경우의 효과를 묻는 지문이다. 채무자 등은 청산금채권을 변제받을 때까지 그 채무액을 채권자에게 지급하고 그 채권담보의 목적으로 마친 소유권이전등기의 말소를 청구할 수 있다. 다만 그 채무의 변제기가 지난 때부터 10년이 지나거나 선의의 제3자가 소유권을 취득한 경우에는 그러하지 아니한다(가등기담보 등에 관한 법률 제11조). 악의의 양수인이 소유권을 취득한 경우에는 악의의 양수인은 보호되지 아니한다.

조지사1 p872 문제 15번 / 진모 13회 30번 ㉣지문

⑤ [誤] 피담보채무의 변제기가 도래한 경우, 양도담보권자가 채무자에 대하여 소유권에 기초한 반환청구를 할 수 있는지 여부를 묻는 지문이다. 대내적 관계에서는 소유권자가 양도담보제공자이므로(신탁적 소유권이전설) 소유권에 기초한 반환청구를 할 수는 없다. 다만, 양도담보권 실행을 원인으로 반환청구를 할 수는 있다.

[大判 1991. 11. 8, 91다21770] …〈前略〉 채권담보를 위하여 소유권이전등기를 경료한 양도담보권자는 채무자가 변제기를 도과하여 피담보채무의 이행지체에 빠졌을 때에는 담보계약에 의하여 취득한 목적 부동산의 처분권을 행사하기 위한 환가절차의 일환으로서 즉, 담보권의 실행으로서 채무자에 대하여 그 목적 부동산의 인도를 구할 수 있

고 제3자가 채무자로부터 적법하게 목적 부동산의 점유를 이전받아 있는 경우 역시 그 목적 부동산의 인도청구를 할 수 있다 할 것이나 직접 소유권에 기하여 그 인도를 구할 수는 없다고 보아야 할 것인 바, 원심이 확정한 사실에 의하면 이 사건 부동산은 위 박종성의 위 김태신에 대한 대지매매잔금채권의 담보로 제공된 것이고, 피고는 채무자인 위 김태신으로부터 이를 대금 13,000,000원에 분양받았으며, 원고는 실질적 담보권자인 위 박종성의 명의수탁자라는 것이므로 이 사건의 경우 청구권원을 소유권 또는 담보권의 실행 어느 것으로 주장하느냐에 따라 판결 결과가 달라질 수 있다 할 것이고, 또한 기록상 원고는 소유권만을 이 사건 청구권원으로 삼을 뿐 담보권의 실행을 그 청구권원으로 삼지 않고 있다. 따라서 원심판결에는 이 사건 청구권원을 둘 다 인용하여 판시함으로써 이유모순의 위법을 범하였을 뿐만 아니라 이 사건 청구권원이 담보권실행임을 전제로 판시를 함으로써 변론주의의 원칙도 위배한 위법이 있고 이러한 잘못은 판결 결과에 영향을 미쳤다고 할 것이어서 이 점을 지적하는 논지는 이유 있다 할 것이다.

조지사1 p880 문제 24번 / 민판1 p713

정답 ③

39. 배점 2

甲과 乙은 1/2씩 대금을 출연하여 丙으로부터 A 토지를 매수하고, 각자의 지분을 1/2씩으로 하여 A 토지에 대한 공유의 소유권이전등기를 마쳤다. 다음 설명 중 옳은 것은? (다툼 있으면 판례에 의함)

① 甲이 乙의 동의 없이 A 토지를 丁에게 매도하고, 乙의 등기필증 등을 소지하고 있음을 이용하여 A 토지 전부의 소유권이전등기를 해준 경우, 乙은 甲의 공유지분에 대하여도 丁에게 소유권이전등기의 말소를 구할 수 있다.
② 甲이 乙의 동의 없이 A 토지를 丁에게 임대하여 임대차보증금을 수령한 경우, 乙은 甲에게 임대차보증금 자체의 1/2을 부당이득으로서 반환청구할 수 있다.
③ 丁이 무단으로 A 토지를 점유하는 경우, 甲이 丁에게 A 토지의 반환을 청구하기 위해서는 甲의 지분권 외에 乙의 지분권도 함께 주장하여야 할 필요가 없다.
④ 丁이 무단으로 A 토지를 점유하여 사용·수익한 경우, 甲과 乙은 丁에 대하여 불법행위로 인한 손해배상 내지 부당이득반환을 청구할 수 있는데, 이들 권리는 불가분채권에 속한다.
⑤ 甲의 지분에 丁의 저당권이 설정된 후 甲과 乙이 협의에 의해 A 토지를 X·Y 토지로 분할하여 X 토지는 甲, Y 토지는 乙 소유로 한 경우, 丁의 저당권은 원칙적으로 X 토지에만 존속하게 된다.

해 설

① [誤] 공유자 중 1인이 공유부동산을 처분하고 등기를 이전하여 준 경우, 등기의 효력을 묻는 지문이다. 처분한 공유자인 甲의 지분범위에서는 실체관계에 부합한 등기가 된다. 따라서 다른 공유자 乙은 甲의 공유지분에 대해서는 등기명의자 丁에 대하여 말소를 구할 수 없다.
[大判 1994. 12. 2. 93다1596] 다른 공유자의 동의 없이 그 <u>공유물의 특정부분을 처분하여 소유권이전등기를 마친 경우</u>, <u>처분공유자의 공유지분 범위 내에서는 실체관계에 부합하는 유효한 등기</u>라고 보아야 한다.

조지사1 p703 문제 13번 / 민판1 p588 / 진모 28회 5번 ㉠지문 참조

② [誤] 소수지분권자가 공유물을 임대하고, 보증금을 수령한 경우, 보증금의 보유가 다른 공유자에 대한 관계에서 부당이득이 되는지 여부를 묻는 지문이다. 보증금반환채무는 임대차계약을 체결한 공유자만이 부담하므로 보증금 자체가 다른 공유자에 대한 관계에서 부당이득으로 되지는 않는다. 그러나 보증금의 이자 상당액은 부당이득이 될 수 있다.
[大判 1991. 9. 24. 91다23639] 부동산의 1/7 지분 소유권자가 타공유자의 동의 없이 그 부동산을 타에 임대하여 임대차보증금을 수령하였다면, <u>이로 인한 수익 중 자신의 지분을 초과하는 부분에 대하여는 법률상 원인 없이 취득한 부당이득이 되어 이를 반환할 의무가 있고</u>, 또한 위 무단임대행위는 다른 공유지분권자의 사용·수익을 침해한 불법행위가 성립되어 그 손해를 배상할 의무가 있다(필자 註 : 반환 또는 배상해야 할 범위는 위 부동산의 임대차로 인한 차임 상당액이라 할 것으로서 타공유자는 그 임대보증금 자체에 대한 지분비율 상당액의 반환 또는 배상을 구할 수는 없다고 한 사례).

민판1 p587

③ [正] 공유자가 단독으로 무단점유자에 대하여 반환을 청구할 수 있는지 여부를 묻는 지문이다. 무단점유자에 대한 반환청구는 보존행위로서 공유자가 단독으로 할 수 있으므로 소수지분권자라고 하더라도 단독으로 반환을 청구할 수 있다.
[大判 1966. 4. 19. 66다283] 부동산의 공유지분권자 중의 한 사람은 <u>보존행위로서 공유물을 권원 없이 점유하는 자에 대하여 그 부동산의 인도를 청구할 수 있다.</u>

조지사1 p703 문제 9번 / 민판1 p591 / 진모 10회 35번 ⓓ지문 참조 진모 10회 38번 ⓑ지문 참조

④ [誤] 공유자들이 무단점유자에 대하여 취득하는 불법행위로 인한 손해배상청구권 혹은 부당이득반환청구권의 법적 성질을 묻는 지문이다. 가분적 채권으로 각 공유자들은 자신의 지분 범위에서 청구할 수 있다.
[大判 1970. 4. 14. 70다171] 공유물에 끼친 <u>불법행위를 이유로 하는 손해배상청구권은 특별한 사유가 없는 한 각 공유자가 지분에 대응하는 비율의 한도 내에서만</u> 이를 행사할 수 있다.

민판1 p591 / 진모 10회 35번 ㅂ지문

⑤ [誤] 공유지분에 설정된 저당권이 공유물분할에 의하여 저당권설정자인 공유자가 단독으로 소유권을 취득하는 부분에 집중되는지 여부를 묻는 지문이다. 지분저당권은 그 후의 공유물분할에 영향을 받지 않고, 종전 지분 위에 존속한다. 공유물분할은 지분의 교환 혹은 매매의 성질을 가지기 때문이다.
[大判 1989. 8. 8. 88다카24868] 부동산의 공유지분 위에 근저당권이 설정된 후 그 공유부동산이 분할된 경우 저당권이 근저당권설정자에게 할당된 부분에 집중되는 것은 아니다(필자 註 : 甲·乙의 공유인 부동산 중 甲의 지분위에 설정된 근저당권 등 담보물권은 특단의 합의가 없는 한 공유물분할이 된 뒤에도 종전의 지분비율대로 공유물 전부의 위에 그대로 존속하고 따라서 甲과 담보권자 사이에 공유물분할로 甲의 단독소유로 된 토지부분 중 원래의 乙 지분 부분을 근저당권의 목적물에 포함시키기로 합의하였다고 하여도 이런 합의가 乙의 단독소유로 된 토지부분 중 甲 지분 부분에 대한 피담보채권을 소멸시키기로 하는 합의까지 내포한 것이라고는 할 수 없다고 한 사례).

조지사1 p707 문제 23번 / 민판1 p596 / 진모 10회 33번 ㄱ지문

정답 ③

40. [배점 3] 유언의 집행에 관한 설명으로 옳은 것(○)과 옳지 않은 것(×)을 바르게 표시한 것은? (다툼 있으면 판례에 의함)

ㄱ. 공정증서에 의한 유언증서를 보관한 자는 유언자의 사망 후 지체 없이 법원에 제출하여 그 검인을 청구하여야 한다.
ㄴ. 지정 또는 선임에 의한 유언집행자는 유언자의 대리인으로 본다.
ㄷ. 유언집행자가 2인인 경우, 그중 1인이 나머지 유언집행자의 찬성 내지 의견을 청취하지 아니하고도 단독으로 법원에 공동유언집행자의 추가선임을 신청할 수 있다.
ㄹ. 유언집행자가 있는 경우, 그의 유언집행에 필요한 한도에서 상속인의 상속재산에 관한 처분권은 제한되며, 그 제한범위 내에서 상속인은 유언집행을 위한 소송에 있어서 원고적격이 없다.
ㅁ. 적법한 유언은 검인이나 개봉절차를 거치지 않더라도 유언자의 사망에 의하여 곧바로 그 효력이 생기는 것이며, 유언증서의 검인이나 개봉절차의 유무에 의하여 유언의 효력이 영향을 받는 것은 아니다.
ㅂ. 상속인 기타 이해관계인은 상당한 기간을 정하여 그 기간 내에 승낙 여부를 확답할 것을 지정 또는 선임에 의한 유언집행자에게 최고할 수 있고, 그 기간 내에 최고에 대한 확답을 받지 못한 때에는 유언집행자가 그 취임을 거절한 것으로 본다.

① ㄱ(×), ㄴ(×), ㄷ(○), ㄹ(×), ㅁ(○), ㅂ(×)
② ㄱ(○), ㄴ(×), ㄷ(○), ㄹ(×), ㅁ(×), ㅂ(×)
③ ㄱ(○), ㄴ(○), ㄷ(○), ㄹ(○), ㅁ(×), ㅂ(○)
④ ㄱ(○), ㄴ(○), ㄷ(×), ㄹ(×), ㅁ(×), ㅂ(○)
⑤ ㄱ(○), ㄴ(○), ㄷ(×), ㄹ(×), ㅁ(○), ㅂ(×)
⑥ ㄱ(×), ㄴ(○), ㄷ(×), ㄹ(○), ㅁ(○), ㅂ(×)
⑦ ㄱ(×), ㄴ(×), ㄷ(○), ㄹ(○), ㅁ(○), ㅂ(×)
⑧ ㄱ(×), ㄴ(×), ㄷ(×), ㄹ(○), ㅁ(○), ㅂ(×)

해설

ㄱ. [誤] 검인청구가 필요한 유언이 무엇인지를 묻는 지문이다. 유언의 증서나 녹음을 보관한 자 또는 이를 발견한 자는 유언자의 사망 후 지체 없이 법원에 제출하여 그 검인을 청구하여야 한다(제1091조 제1항). 그러나 공정증서나 구수증서에 의한 유언은 검인을 청구할 필요가 없다(제1091조 제2항).

조지사2 p936 문제 30번 / 가족법강의 p365 (3)공정증서에 의한 유언 p382 (1)유언의 검인

ㄴ. [誤] 유언집행자의 지위를 묻는 지문이다. 상속인의 대리인으로 본다(제1103조 제1항).

조지사2 p944 문제 18번 / 가족법강의 p383 (2)유언집행자의 지위

ㄷ. [正] 유언집행자가 단독으로 공동유언집행자의 추가선임 신청을 할 수 있는지를 묻는 지문이다. 유언집행자가 수인인 경우에는 임무의 집행은 그 과반수의 찬성으로써 결정한다. 그러나 보존행위는 각자가 이를 할 수 있다(제1102조). 공동유언집행자의 추가선임 신청은 보존행위의 일종으로 보아야 하므로 단독으로 할 수 있다고 보아야 한다.
[大決 1987.9.29. 자 86스11] 유언집행자가 2인인 경우 그 중 1인이 나머지 유언집행자의 찬성 내지 의견을 청취하지 아니하고도 단독으로 법원에 공동유언집행자의 추가선임을 신청할 수 있다 할 것이므로 이러한 단독신청행위가 공동유언집행방법에 위배되었다거나 기회균등의 헌법정신에 위배되었다고 볼 수 없다. (교재에 없는 판결)
[大決 1995.12.24, 95스32] 민법 제1096조에 의한 법원의 유언집행자 선임은 유언집행자가 전혀 없게 된 경우뿐만 아니라 유언집행자의 사망, 사임, 해임 등의 사유로 공동유언집행자에게 결원이 생긴 경우와 나아가 결원이 없어도 법원이 유언집행자의 추가선임이 필요하다고 판단한 경우에 이를 할 수 있는 것이고, 이 때 <u>누구를 유언집행자로 선임하느냐는 문제는 민법 제1098조 소정의 유언집행자의 결격사유에 해당하지 않는 한 당해 법원의 재량에 속하는 것이다.</u>

ㄹ. [正] 유언집행자가 존재하는 경우, 유언집행을 위한 소송에서 상속인의 원고적격이 인정되는지 여부를 묻는 지문이다. 이는 유언집행자를 상속인의 대리인으로 보는 제1103조의 의미가 무엇인가와 관련된 것이다. 대법원은 유언집행자가 상속인의 대리

인이라고 하더라도 그 의미는 유언집행자의 행위의 효과가 상속인에게 귀속된다는 의미에 그치고, 상속인에게 유언집행에 관한 소송에서 원고적격을 인정한다는 의미는 아니라고 본다.

[大判 2001. 3. 27, 2000다26920] 유언집행자는 유증의 목적인 재산의 관리 기타 유언의 집행에 필요한 모든 행위를 할 권리·의무가 있으므로, 유증 목적물에 관하여 경료된, 유언의 집행에 방해가 되는 다른 등기의 말소를 구하는 소송에 있어서는 유언집행자가 이른바 법정소송담당으로서 원고적격을 가진다고 할 것이고, 유언집행자는 유언의 집행에 필요한 범위 내에서는 상속인과 이해상반되는 사항에 관하여도 중립적 입장에서 직무를 수행하여야 하므로, 유언집행자가 있는 경우 그의 유언집행에 필요한 한도에서 상속인의 상속재산에 대한 처분권은 제한되며 그 제한 범위 내에서 상속인은 원고적격이 없다고 할 것이다. 민법 제1103조 제1항은 "지정 또는 선임에 의한 유언집행자는 상속인의 대리인으로 본다"고 규정하고 있으나, 이 조항은 유언집행자의 행위의 효과가 상속인에게 귀속함을 규정한 것이지, 유언집행자의 소송수행권과 별도로 상속인 본인의 소송수행권도 언제나 병존함을 규정한 것은 아니다.

조지사2 p944 문제 18번 19번 / 민판2 p859 / 진모 28회 27번 ⓓ지문 / 가족법강의 p383 (2)유언집행자의 지위

ㅁ. [正] 검인·개봉절차 없는 유언의 효력을 묻는 지문이다. 검인·개봉절차는 검증절차에 불과하므로 원칙적으로 유언의 효력에 영향을 주지는 않는다.

[大判 1998. 6. 12, 97다38510] 민법 제1091조에서 규정하고 있는 유언증서에 대한 법원의 검인은 유언증서의 형식·태양 등 유언의 방식에 관한 모든 사실을 조사·확인하고 그 위조·변조를 방지하며, 또한 보존을 확실히 하기 위한 일종의 검증절차 내지 증거보전절차로서, 유언이 유언자의 진의에 의한 것인지 여부나 적법한지 여부를 심사하는 것이 아님은 물론 직접 유언의 유효 여부를 판단하는 심판이 아니고, 또한 민법 제1092조에서 규정하는 유언증서의 개봉절차는 봉인된 유언증서의 검인에는 반드시 개봉이 필요하므로 그에 관한 절차를 규정한 데에 지나지 아니하므로, 적법한 유언은 이러한 검인이나 개봉절차를 거치지 않더라도 유언자의 사망에 의하여 곧바로 그 효력이 생기는 것이며, 검인이나 개봉절차의 유무에 의하여 유언의 효력이 영향을 받지 아니한다.

조지사2 p944 문제 16번 / 민판2 p858 / 가족법강의 p382 (2)유언서의 개봉

ㅂ. [誤] 상속인 기타 이해관계인의 유언집행자로 지정되거나 선임된 자에 대한 최고의 효과를 묻는 지문이다. 상속인 기타 이해관계인은 지정 또는 선임에 의한 유언집행자에게 승낙여부의 확답을 최고할 수 있는데, 기간 내에 최고에 대한 확답을 받지 못한 때에는 유언집행자가 그 취임을 승낙한 것으로 본다(제1097조 제3항).

조지사2 p937 문제 35번 / 진모 1회 36번 ⓑ지문 / 가족법강의 p384 1)지정유언집행자

정답 ⑦

判 例 索 引

[大法院 判決]

[大判 1960.7.21, 4292민상773]	59
[大判 1962.3.15, 61다903]	78
[大判 1965.3.23, 65다34]	40
[大判 1966.4.19, 66다283]	88
[大判 1970.2.24, 69다1410]	60
[大判 1970.4.14, 70다171]	88
[大判 1973.7.24, 72다2136]	2
[大判 1975.3.25, 74다1998]	31
[大判 1975.6.10, 73다2023]	3
[大判(全) 1976.11.6, 76다148]	83
[大判 1977.3.22, 76다1437]	1
[大判 1978.4.11, 77다2509]	52
[大判 1978.6.13, 78다468]	42
[大判(全) 1979.9.25, 77다1079]	69
[大判 1980.5.27, 80다565]	48
[大判 1980.9.9, 80다7]	37
[大判 1982.2.9, 81다534]	79
[大判 1982.12.14, 80다1872]	2
[大判 1983.9.13, 83므16]	75
[大判(全) 1983.12.13, 83다카1489]	64
[大判 1985.2.13, 84누649]	51
[大判 1987.3.10, 86다카1114]	17
[大判 1988.11.22, 87다카2555]	85
[大判 1988.11.22, 87다카1836]	20
[大判 1989.4.25, 88다카4253]	71
[大判 1989.8.8, 88다카24868]	89
[大判 1989.9.29, 88다카14663]	25
[大判 1990.3.9, 88다카31866]	12
[大判 1991.5.14, 91다6627]	6
[大判 1991.9.24, 91다23639]	88
[大判 1991.11.8, 91다21770]	86
[大判 1991.11.26, 91다11810]	3
[大判 1992.2.25, 91다9312]	72
[大判 1992.2.28, 91다17443]	36
[大判 1992.4.10, 91다43695]	52
[大判 1992.4.10, 91다43138]	21
[大判 1992.5.12, 90다8855]	85
[大判 1992.5.12, 91다26546]	68
[大判 1992.7.28, 92다14786]	7
[大判 1992.10.13, 92다16836]	5
[大判 1992.11.10, 92다35899]	72
[大判 1993.4.27, 92다56087]	45
[大判 1993.7.16, 93다17324]	18
[大判 1993.9.10, 93다20139]	24
[大判(全)1994.4.26, 93다24223]	42
[大判 1994.4.29, 93다 35551]	26
[大判 1994.8.12, 92다41559]	60
[大判 1994.9.27, 94다20617]	65
[大判 1994.11.4, 94다18584]	11
[大判 1994.12.2, 93다1596]	88
[大判 1995.4.7, 94다11835]	29
[大判 1995.6.9, 94다30515]	57
[大判 1995.6.30, 94다52416]	48
[大判 1995.7.11, 94다4509]	46, 47
[大判 1995.7.14, 94다50533]	37
[大判 1996.1.26, 95다44290]	70
[大判 1996.2.6, 95다27998]	73
[大判 1996.2.27, 95다38875]	67
[大判 1996.4.12, 95다54167]	73
[大判 1996. 4. 26. 95다54426 · 54433]	7
[大判 1996.5.28, 95다40328]	84
[大判 1996.6.28, 96다18281]	43
[大判 1996.7.12, 94다37646]	17
[大判 1996. 7. 12. 96다7106]	18
[大判 1996.7.26, 96다7762]	4
[大判 1996.9.10, 96다18182]	44
[大判 1996.10.25, 96다23825]	4
[大判 1996.10.25, 96다29151]	8

[大判 1996. 11. 15, 96다31116]　　　　86
[大判 1996.12.10, 94다43825]　　　　47
[大判 1997.2.14, 96므738]　　　　78
[大判 1997.2.25, 96다45436]　　12, 13
[大判 1997.5.30 97다8601]　　　　10
[大判 1997.6.24, 97다8809]　　　　29
[大判 1997.6.27, 97다3828]　　　　31
[大判 1997.6.27, 97다9369]　　　　4
[大判 1997.7.25, 97다8403]　　　　81
[大判 1997.9.12, 95다42027]　　　　51
[大判 1997.10.24, 97다28698]　　　　58
[大判 1997.11.14, 97다29530]　　　　54
[大判 1998.2.10, 97다44737]　　　　45
[大判 1998.3.27, 97다48982]　　　　64
[大判 1998.5.12, 97다8496·8502]　　　　83
[大判 1998.5.15, 97다58316]　　　　14
[大判 1998.6.12, 97다38510]　　　　91
[大判 1998.7.10, 98다18643]　　　　80
[大判 1998.12.22, 98다44376]　　　　5
[大判 1999.2.23, 98다60828·60835]　　　　45
[大判 1999.3.12, 98다18124]　　　　53
[大判 2000.2.11, 99다59306]　　　　18
[大判 2000.2.25, 99다53704]　　　　14
[大判(全) 2000.3.16, 97다37661]　　　　84
[大判 2000.7.6, 99다51258]　　　　60
[大判 2000.7.7, 98다42172]　　　　22
[大判 2000.7.28, 99다38637]　　　　39
[大判 2000.9.5, 2000다26333]　　　　24
[大判 2001.3.9, 99다31357]　　　　27
[大判 2001.3.9, 99다13157]　　　　28
[大判 2001.3.23 2000다 49015]　　　　82
[大判 2001.3.27, 2000다26920]　　　　91
[大判 2001.4.10, 2000다49343]　　　　8
[大判 2001.5.8, 2001다14733]　　　　55
[大判 2001.6.12, 99다20612]　　　　15
[大判 2001.6.29, 2001다28299]　　　　33

[大判 2001.6.29, 2001다28299]　　　　33
[大判 2001. 7. 24. 2001다3122]　　　　9
[大判 2001.8.21, 99므2230]　　　　75
[大判 2001.8.21, 2001다31264]　　　　64
[大判 2001.10.9, 2000다42618]　　　　15
[大判 2002.1.11, 2001다41971]　　　　2
[大判 2002.1.25, 99다57126]　　　　40
[大判 2002.1.25, 2001다52506]　　　　57
[大判 2002.3.29, 2000다577]　　　　24
[大判 2002.4.12, 2000다63912]　　　　15
[大判 2002.5.10, 2002다12871·12888]　　　　23
[大判 2002. 5. 24, 2002다7176]　　　　81
[大判 2002.9.4, 2002다11151]　　　　81
[大判 2002.9.10, 2002다21509]　　　　41
[大判 2002.10.11, 2000다17803]　　　　29
[大判 2003.1.24, 2000다22850]　　　　42
[大判 2003.3.28, 2003다5917]　　　　37
[大判 2003.12.11, 2003다49771]　　　　59
[大判 2003.12.12, 2003다44059]　　　　63
[大判 2004.9.24, 2004다31463]　　　　48
[大判 2004.10.28, 2003다65438·65445]　　　　32
[大判 2004.11.26, 2004다40986]　　　　72
[大判 2005.7.22, 2005다7566·7573]　　　　61
[大判 2005.10.13, 2005다26277]　　　　40
[大判(全) 2006.4.20, 2004다37775]　　49, 50
[大判 2007.6.14, 2006다84423]　　　　83
[大判 2007.7.26, 2006므2757·2764]　　　　34
[大判 2007.11.15, 2007다45562]　　　　54
[大判 2008.9.11, 2008다32501]　　　　66
[大判 2010.7.15. 선고 2009다50308]　　　　67

[大法院 決定]

[大決 1987.9.29. 자 86스11]　　　　90
[大決 1995.12.24, 95스32]　　　　90
[大決 1997.3.21, 96스62]　　　　33
[大決 2002.10.28, 2001마1235]　　　　68

편저자 소개

한양대학교 법학과 졸업
동 대학원 석사과정 수료
현 합격의 법학원 민법전임

주 요 저 서

민법 조문·지문·사례 정리[민총·물권편]
민법 조문·지문·사례 정리[채권·가족편]
민법판례정리 ⅠⅡ
민법기출문제 완전분석
가족법 강의
민법중요쟁점별 필수문제 333선
민법진도별 모의고사
민법전범위 모의고사
172가지 민법 필수 쟁점

저자와의 협의 하에 인지는 생략합니다.

2011 사법시험 민법 기출문제

2011년 3월 14일 인쇄
2011년 3월 15일 발행

편저자   이 태 섭
발행인   김 명 석
발행처   (주)엘티에스법학연구소
          출판사업부 "사람들"

주　소 : 서울특별시 관악구 신림동 103-107
Tel　　: 02_587_8607, Fax. 02_586_8607
홈페이지 : www.ltslaw.co.kr
블 로 그 : http://blog.naver.com/ltslaw

이 책의 독창적 내용을 무단복제·전제하는 행위는 저작권법에 의거, 처벌받게 됩니다.

정가 6,000원

ISBN 978-89-94607-13-9　13360